TEORIA E PRÁTICA DO TREINAMENTO ESPORTIVO

Blucher

VALDIR J. BARBANTI
Professor Titular da Escola de Educação Física
e Esporte da Universidade de São Paulo;
PhD em educação física pela
Universidade de Iowa, USA

TEORIA E PRÁTICA DO TREINAMENTO ESPORTIVO

Teoria e prática do treinamento esportivo

© 1997 Valdir José Barbanti

2ª edição – 1997

5ª reimpressão – 2017

Editora Edgard Blücher Ltda.

Blucher

Rua Pedroso Alvarenga, 1245, 4º andar

04531-934 – São Paulo – SP – Brasil

Tel.: 55 11 3078-5366

contato@blucher.com.br

www.blucher.com.br

É proibida a reprodução total ou parcial por quaisquer meios, sem autorização escrita da Editora.

Todos os direitos reservados pela Editora Edgard Blücher Ltda.

FICHA CATALOGRÁFICA

Barbanti, Valdir José

B183t   Teoria e prática do treinamento esportivo / Valdir José Barbanti – 2. ed. – São Paulo: Blucher, 1997.

Bibliografia.

ISBN 978-85-212-0074-1

1. Treinamento (Atletismo) 2. Esportes I. Título.

79-0564   CDD-796.4077

                      CDD-796.42

Índices para catálogo sistemático:

1. Treinamento: Atletismo   796.4077

2. Esportes   796.42

CONTEÚDO

1 TREINAMENTO - Conceitos, objetivos e características . . . 1
Características do treinamento 2
Treinamento generalizado e treinamento específico 3

2 COMPONENTES DO TREINAMENTO 5
Preparação física 6
Preparação técnica 6
Preparação tática 6
Preparação intelectual 7

3 A LÓGICA DO TREINAMENTO 8
Volume e intensidade 14

4 O PLANEJAMENTO DO TREINAMENTO 17
Caderno de treinos 19

5 MÉTODOS BÁSICOS DE TREINAMENTO 20
Método de duração 21
Aplicação do método de duração a iniciantes 22
Trabalho intervalado 23

6 ETAPAS DA PREPARAÇÃO ESPORTIVA 32
Etapas da preparação básica 32
Etapa de preparação específica 33
Etapa de preparação de altos rendimentos 34

7 A PERIODIZAÇÃO DO TREINAMENTO 35
Histórico 35
Conceito 35
Objetivos da periodização 35
Periodização simples e dupla 36
Macrociclo 41
Microciclo 41
Principais conteúdos dos períodos de treinamentos 43
A unidade de treinamento 45

V

Teoria e prática do TREINAMENTO ESPORTIVO

8 VELOCIDADE MOTORA 49
Condições gerais 50
Definições de velocidade 50
Características fisiológicas da velocidade 51
A velocidade nos esportes 53
Treinamento da velocidade 56
A problemática da estabilização da velocidade 59
A problemática do treino de força
para a melhora da velocidade 60
Conclusões 65

9 FORÇA MOTORA 66
Considerações gerais 66
Definição de força 66
Características fisiológicas 69
Fatores diversos que influenciam na força 72
Exercícios de força 74
Métodos e meios de treinamento da força 78
Vantagens e desvantagens dos métodos
de treinamento dinâmico e estático 81
A força nos esportes 82
Treinamento de força para mulheres 90
Treinamento de força para adolescentes 91
Etapas do treinamento da força 92
Algumas recomendações para iniciar
o treinamento com sobrecarga 93
Treinamento de força com pesos ou halteres de disco 93

10 RESISTÊNCIA MOTORA 103
Considerações gerais 103
Definições de resistência 103
O que as pesquisas dizem da resistência 104
Divisões da resistência 107
Resistência muscular localizada 109
Características fisiológicas 110
Importância do trabalho de resistência aeróbica 111
A resistência no atletismo 114
Formas de resistência nos esportes 116
Métodos de treinamento da resistência aeróbica 118
Métodos de treinamento da resistência anaeróbica 121
Métodos de treir.os de corr:das 123
Conclusões 129

VI

Conteúdo

11 FLEXIBILIDADE 132
Conceitos 132
O que as pesquisas dizem da flexibilidade 134
Importância da flexibilidade 134
Métodos de treinamento da flexibilidade 135

12 COORDENAÇÃO MOTORA 138
Conceitos 138
Importância da coordenação 139
Habilidade 139
Quando se deve desenvolver a habilidade 140
Como desenvolver a habilidade esportiva 140
Normas para se desenvolver a habilidade esportiva 142

13 EQUILÍBRIO MOTOR 143

14 CAPACIDADE DE INTELIGÊNCIA MOTORA 145
Conceitos 145

15 APRENDIZAGEM DE HABILIDADES MOTORAS . . 146
Conceitos 146
Capacidade de aprendizagem motora
      nas crianças e adolescentes 151

16 AVALIAÇÃO DO TREINAMENTO 153
Considerações gerais 153
Importância da avaliação do treinamento 153
Objetivos da avaliação nos esportes 154
A problemática das "tabelas de pontos" 154
Exemplos de testes 156

17 CÓDIGO DE ÉTICA DO TREINADOR 160
A ética do treinador para consigo mesmo 160
Ética do treinador para com os demais treinadores 161
Ética do treinador para com os esportistas 162
Ética do treinador para com os pais dos esportistas 162
Ética do treinador com os árbitros e juízes 163
Ética do treinador com a mídia 163

18 A TERMINOLOGIA DO TREINAMENTO 164
Terminologia do treinamento 166

REFERÊNCIAS BIBLIOGRÁFICAS 213

Capítulo 1

TREINAMENTO
Conceitos, objetivos e características

Em geral o termo "treinamento" é usado para várias coisas, mas quase sempre indica uma instrução organizada, cujo objetivo é aumentar o rendimento físico, psicológico, intelectual ou mecânico dos homens ou dos animais. Na área do Esporte fala-se em treinamento no sentido de preparar o esportista para níveis elevados de rendimento, daí o termo Treinamento Esportivo que, num sentido bastante estrito, é a preparação técnica, física, tática, psicológica e intelectual do atleta/jogador por meio de exercícios físicos.

O treinamento esportivo é um processo organizado de aperfeiçoamento, que é conduzido com base em princípios científicos, estimulando modificações funcionais e morfológicas no organismo, influindo significantemente na capacidade de rendimento do esportista.

Tem sido comum usar o termo treinamento apenas para significar a preparação de atletas e/ou jogadores. Contudo, por causa das doenças hipocinéticas, o significado do treinamento deve ir além dos limites do Esporte. Ele serve para a manutenção, melhora ou recuperação da capacidade de rendimento e da saúde. Na literatura internacional está se tornando comum o termo "Treinamento Físico", que significa o processo de fazer uso propositado de exercícios físicos, para desenvolver e melhorar as capacidades e os traços que afetam o nível de desempenho de atividades musculares específicas. O objetivo principal do treinamento físico é o desenvolvimento das capacidades motoras (condicionais e coordenativas) do praticante, necessárias para obter rendimentos motores elevados, que se faz através dos exercícios corporais. Na prática isso se traduz pela execução variada de exercícios apropriados para determinados fins.

O treinamento é um processo de muitos fatores e não uma atividade que se possa fazer mecanicamente, e que se baseia no relacionamento humano, com pessoas de diferentes tipos e personalidades. Trata-se pois de trabalhar com um conjunto de situações bastante complexas, em que estão

1

envolvidas de forma absolutamente decisiva as emoções humanas e as relações entre as pessoas.

CARACTERÍSTICAS DO TREINAMENTO

O treinamento tem algumas características essenciais, que são evidentes em várias áreas e particularmente proeminentes no Esporte.

1 – O treinamento sempre objetiva a obtenção do maior rendimento individual possível no esporte ou na modalidade praticada.

2 – O treinamento é quase sempre uma questão individual. O rendimento esportivo é a soma de vários fatores, que podem variar de pessoa para pessoa, mesmo se elas conseguem o mesmo resultado na competição. Por isso é importante identificar e mobilizar completamente o potencial de cada indivíduo. Isso não significa que é necessário treinar sempre individualmente. O treinamento em grupos não só é mais econômico, mas uma estratégia importante na educação, na motivação e na cooperação.

3 – Para se obter um nível elevado de desenvolvimento físico, técnico, tático e psicológico, o praticante deve se sujeitar a cargas de treinamento elevados. Para conseguí-lo, ele deve adaptar seus hábitos de vida às exigências do esporte. Assim o treinamento se torna uma parte integral do modo de vida do atleta.

> O ASPECTO MAIS SALIENTE DA NOSSA PROFISSÃO, QUE A TORNA DIFERENTE DA MAIORIA DAS OUTRAS, É QUE TRABALHAMOS COM SERES HUMANOS, CADA UM DELES COM SUAS ESPERANÇAS E SEUS OBJETIVOS DE VIDA.

4 – O treinamento é caracterizado pela sua natureza planejada e sistemática. Isso é refletido nos planos de treinamento, que são realizados de acordo com princípios científicos e pela prática adquirida com experiências bem sucedidas.

5 – Assim como qualquer outro método de ensino, o treinamento esportivo é marcado pela educação e pelo crescimento.

6 – E finalmente, outra característica importante do treinamento esportivo é o papel dominante do treinador. Esse papel dominante do treinador não deve se degenerar em paternalismo e dependência. Um atleta, jogador, jogadora deve ser capaz de pensar e agir por si mesmo. O treinador deve estar consciente da importância de seu papel na formação dos jovens que querem ser esportistas, e que nesta fase tem uma elevada receptividade

a este tipo de influência. Por isso é bom não esquecer que, para os praticantes, o seu treinador é sempre um exemplo a seguir e que sobre ele vai estar toda a atenção, recebendo assim todo o tipo de influência que sob ele pode ser exercida.

TREINAMENTO GENERALIZADO E TREINAMENTO ESPECÍFICO

Entende-se por treinamento generalizado o treinamento multilateral, usando um fortalecimento harmonioso de todo o corpo, a aprendizagem de vários fatores, de várias disciplinas, sempre com o objetivo de formação geral. O treinamento específico é a forma na qual se estabelece uma relação ótima entre os componentes determinantes do rendimento em uma modalidade esportiva. Com o treinamento específico se acelera o processo de adaptação física e psíquica do esportista, para cumprir as exigências das competições e/ou dos jogos.

O treinamento específico tem efeitos específicos sobre o organismo. Isso quer dizer que se realizarmos um treinamento de força, os efeitos produzidos serão diferentes do que os efeitos produzidos pelo treinamento de resistência. Isso é válido não só para as capacidades motoras gerais, mas também para as atividades esportivas. Então, um treinamento para corrida de fundo tem outros efeitos do que um treinamento para natação ou ciclismo, ainda que todas essas atividades sejam de resistência. Essa capacidade de adaptação específica do organismo é importante para a metodologia do treinamento, pois ao pretendermos desenvolver uma capacidade motora específica não poderemos treinar outra capacidade.

Assim, se pretendemos melhorar a força não devemos treinar a resistência. aeróbica, visto que essas qualidades são antagônicas. Isso não exclui, no entanto, a possibilidade dessas qualidades e de outras serem treinadas juntas, desde que a solicitação da modalidade assim a exija, como é o caso do remo e do decatlo, onde o organismo é solicitado em força e resistência. Com esse treino misto, porém, nunca se alcançará uma grande força nem uma grande resistência, mas se atingirá uma capacidade ótima para remar e competir no decatlo.

É importante se ter em mente, que para um ótimo desenvolvimento de uma capacidade motora, seus componentes devem ser treinados isoladamente. Como a maioria das atividades esportivas exigem diferentes solicitações e várias capacidades motoras ao mesmo tempo, o importante é encontrar a "mistura ótima" dos componentes envolvidos. O desenvolvimento do rendimento em ambos os tipos de treinamento estabelece o chamado *estado de treinamento*.

Um estado de treinamento ótimo se caracteriza pela união harmoniosa de seus componentes. Outro papel importante é a aptidão do esportista para mobilizar totalmente suas reservas físicas, mediante um máximo esforço de vontade.

Esse estado de treinamento se caracteriza pelos resultados obtidos em competições ou em testes de rendimento, quer dizer, pelos testes esportivos, pelas provas de função médico-esportivas ou ainda por investigações bioquímicas. HARRE (1974) sugere que, para atingir altos rendimentos nas competições, é necessário orientar inicialmente o treinamento no desenvolvimento de todos os seus componentes, isto é, o treinamento generalizado para depois se dirigir aos componentes específicos da disciplina (treinamento específico).

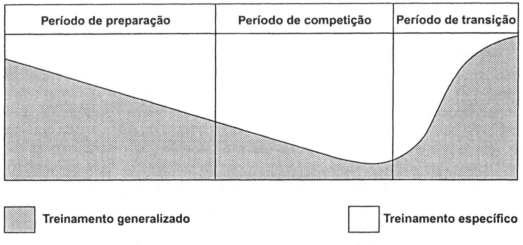

Figura 1.1 - Relação entre o treinamento generalizado e o treinamento específico

Observando-se o comportamento do treinamento generalizado e do treinamento específico, notamos que eles se alternam nos períodos. Na preparação a proporção maior é de treinamento generalizado, enquanto que no período de competição sucede o contrário, maior atenção é dada ao treinamento específico. No período de transição, normalmente ambos são diminuídos. Pode ocorrer de se realizar quase que exclusivamente o treinamento generalizado.

Capítulo 2

COMPONENTES DO TREINAMENTO

1. Preparação física
2. Preparação técnica
3. Preparação tática
4. Preparação intelectual ou psíquica

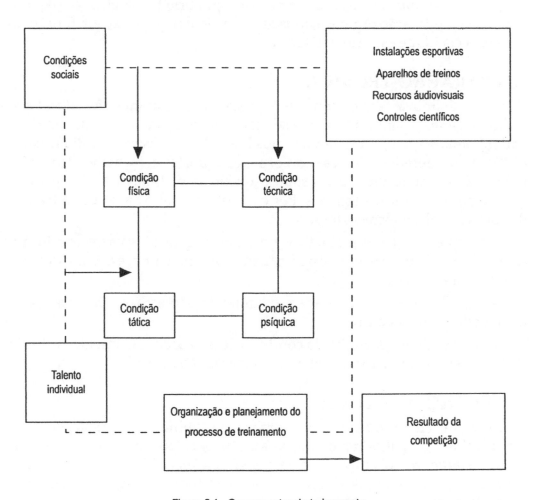

Figura 2.1 - Componentes do treinamento

Teoria e prática do TREINAMENTO ESPORTIVO

PREPARAÇÃO FÍSICA

Visa o desenvolvimento das capacidades motoras principais: força, velocidade, resistência aeróbica, resistência anaeróbica, flexibilidade, habilidade, etc.

Ela tem dois aspectos:

a) preparação física geral

b) preparação física especial.

Na preparação física geral se objetiva desenvolver o potencial do indivíduo no conjunto das qualidades física de base (trabalho generalizado). Na preparação física especial visamos desenvolver as qualidades físicas particulares ao esporte ou disciplina praticada. Na prática, essa parte é chamada de condicionamento físico.

Chama-se *condição física* ao estado de equilíbrio fisiológico conseqüente de uma preparação orgânica, muscular e articular que estão em função de uma especialidade esportiva determinada.

PREPARAÇÃO TÉCNICA

Podemos definir a técnica como um processo de movimentos, atitudes e posições gerais do indivíduo, que se realizam com uma utilidade determinada. É uma seqüência de movimentos baseados na Física e na Biomecânica. Existem diferentes técnicas conforme os esportes e, inclusive dentro de uma mesma especialidade, existem seqüências distintas de movimentos que determinam outras técnicas. Por exemplo, no salto em altura a técnica do rolo ventral e a técnica do flop.

A preparação técnica objetiva aprender a técnica esportiva de forma racional. É um processo a longo prazo, sem interrupções. Ela deve ser sempre aperfeiçoada.

A coordenação, a habilidade e o equilíbrio são as bases motoras para uma melhoria da técnica.

A técnica depende muito da condição de preparação física. Ela pode ser melhor assimilada quando as condições físicas são boas.

PREPARAÇÃO TÁTICA

Consiste em achar o melhor meio para um indivíduo vencer uma competição ou atingir o melhor resultado. Nos esportes coletivos, esse componente exige bastante treino, em virtude da sua importância. No atletismo a possibilidade de tática é maior nas provas de meio-fundo e fundo. Ela também depende da condição física e técnica.

Componentes do treinamento

PREPARAÇÃO INTELECTUAL

Depende do nível intelectual do indivíduo, de sua motivação e de seu preparo físico. Todo atleta deveria estar psiquicamente preparado para o que vai realizar. Para isso deve haver uma preparação teórica.

Os esportistas deveriam saber os princípios do treino, de como se aquecer, dos aspectos biomecânicos da prova ou esporte, da descrição analítica das provas, das jogadas, etc.

Para isso devemos estudar e observar os grandes campeões, os grandes estilistas, os filmes, as fotos, as seqüências fotográficas, etc.

Todos os componentes do treinamento estão ligados entre si. Eles são treinados conjuntamente, atendendo a um ou outro em maior proporção, dependendo da fase do treinamento anual e do nível dos desportistas. É um longo processo, e desde seu início até um resultado de alto nível leva de oito a doze anos.

Capítulo 3

A LÓGICA DO TREINAMENTO

Segundo HARRE (1974) "para se obter altos rendimentos esportivos devemos utilizar diferentes meios de treinamento".

Em primeiro lugar estão os exercícios físicos. Na atualidade, é de grande interesse também os meios autógenos e psicogênicos para influir na capacidade de rendimento. Com isso se pretende levar o indivíduo a utilizar mais suas reservas. Temos que levar em consideração ainda os fatores naturais, como a luz, o ar e a água. Eles são utilizados particularmente para elevar a capacidade de resistência do corpo, principalmente contra agentes infecciosos.

O treinamento ao ar livre é mais efetivo, pelo aproveitamento do oxigênio e dos raios ultravioletas do sol, que exercem uma influência positiva no desenvolvimento das capacidades físicas. Também precisam ser mencionados os cuidados higiênicos (cuidados com o corpo, a alimentação, as saunas, as massagens, o regime de vida, etc.) que devem ser cumpridos para assegurar um alto rendimento esportivo.

O exercício físico é o meio mais importante para elevar os rendimentos esportivos.

Em todo exercício físico ocorre uma série de reações químicas, produzindo um determinado dispêndio de energia. O produto final das reações é o ATP (trifosfato de adenosina). O ATP existe em todas as células, principalmente nos músculos estriados. Porém, com o trabalho muscular há um gasto do ATP. Há três formas de reposição do ATP (Figura 3.1).

Quando o trabalho físico é realizado com a máxima intensidade e tem curta duração (até 10 s), a ressíntese do ATP se faz com a própria desintegração e com a CP (fosfocreatina), que também é estocada nos músculos. Como exemplo, temos a prova de 100 m rasos, do arremesso do disco, do dardo, o levantamento de peso, etc.

A lógica do treinamento

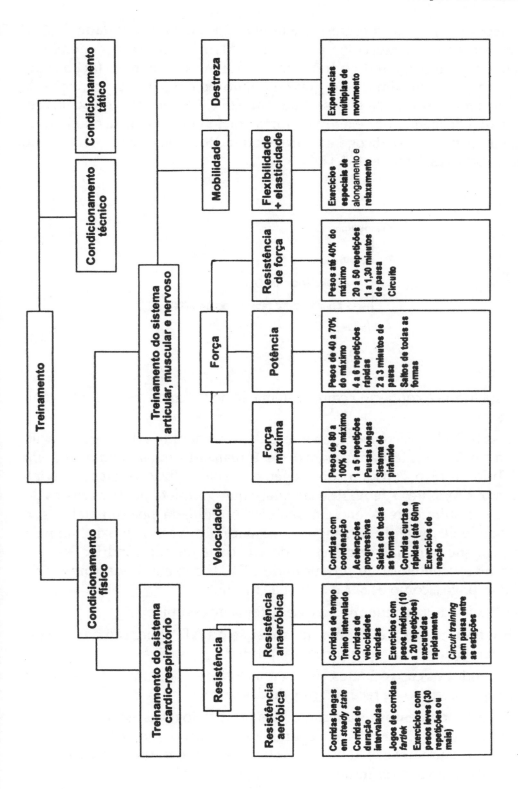

Acontece que esse mecanismo é limitado porque a quantidade de ATP e CP estocada nos músculos é pequena. Alguns autores o denominam sistema alatácido. Quando o trabalho físico é mais demorado (até 3 min), com a carga submáxima, com grande débito de oxigênio, a produção de energia é feita através da glicose, que também é estocada nos músculos em forma de glicogênio, por exemplo, numa corrida de 800 m. Se não houver oxigênio suficiente, o glicogênio é transformado em ácido lático, liberando energia para ressintetizar o ATP.

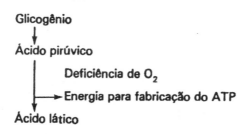

Esta forma é conhecida como sistema ácido lático ou sistema anaeróbico lático.

Se o trabalho físico tiver uma intensidade moderada e de longa duração (acima de 3 min até várias horas) ele é realizado quase totalmente em equilíbrio entre o consumo de oxigênio e sua utilização *(steady state)*; portanto, a ressíntese de ATP se faz quase que completamente as custas do processo respiratório. A energia aeróbica é regulada por dois fatores, a quantidade de oxigênio no sangue e a capacidade de usar o oxigênio pelo músculo, que por sua vez depende da atividade da mitocôndria. Essa é a forma mais econômica de produção de ATP. É o exemplo das provas de corridas longas, como os 5 000 m, 10 000 m, etc.

Alguns autores denominam esse sistema de aeróbico.

Em resumo, das três formas de reposição do ATP, duas são por processos anaeróbicos e uma por processo aeróbico.

Em todos os casos citados, as reservas totais só poderão ser refeitas ou repostas no período de recuperação, de descanso.

Esses fundamentos foram estudados por fisiologistas esportivos e bioquímicos soviéticos e alemães. Segundo NÖCKER (1964) "todo estímulo a um movimento causa um consumo de substâncias. Esse consumo, contudo, traz prontamente em si o estímulo a uma nova reposição".

A lógica do treinamento

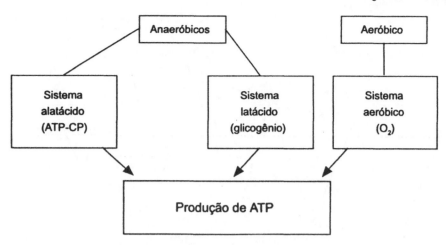

Figura 3.1 - Sistemas de produção de energia

Essa reposição não é feita em proporção igual à condição anterior, mas se desenvolve *acima dessa condição*. Esse processo se denomina *supercompensação* (Figura 3.2).

Tais princípios devem ser dirigidos, no treinamento, e não podem ser escolhidos ou aplicados sem ordem. Os exercícios físicos contribuirão não só para assegurar uma melhoria nos rendimentos como, também, criarão condições necessárias para o desenvolvimento contínuo dos rendimentos por vários anos.

Portanto, conclui-se que a atuação do treino não só leva a uma recuperação das energias gastas mas forma uma supercompensação.

A supercompensação produz a melhoria do estado de condicionamento. Assim as provisões energéticas são aumentadas, de tal modo que nas cargas seguintes o cansaço temporário se apresenta mais tarde.

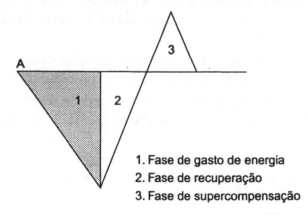

1. Fase de gasto de energia
2. Fase de recuperação
3. Fase de supercompensação

Figura 3.2 - Esquema de supercompensação

11

Teoria e prática do TREINAMENTO ESPORTIVO

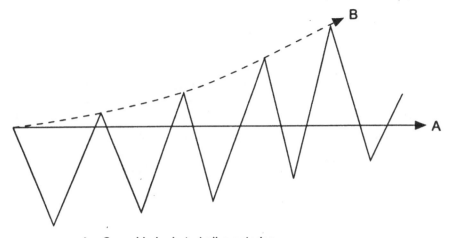

A – Capacidade de trabalho anterior
B – Capacidade de trabalho após o treinamento

A curva B mostra a condição de trabalho que tende a se elevar, em virtude do treinamento. Essa elevação da capacidade é limitada, e se orienta sobretudo à maneira do trabalho e à qualidade física trabalhada.

A ascensão da capacidade na velocidade é menor que no treino de aquisição da resistência, porque está ligada à melhoria da coordenação que é dirigida pela função do sistema nervoso.

No treinamento da resistência há maior ascensão da capacidade, pois todos os sistemas orgânicos são solicitados quase igualmente.

Também no treinamento da força o aproveitamento do treino é maior do que o da velocidade, pois nele estão interligados dois sistemas (nervoso e muscular).

VASILEV e VOLKOV, através de suas experiências, dão ênfase que, para o aumento das provisões energéticas do organismo, a carga na fase de supercompensação deve se iniciar no ponto alto da condição de trabalho do organismo e não no baixo.

O bioquímico soviético JAKOVLEV mostra nos próximos esquemas as situações corretas e erradas entre a recuperação e o trabalho no processo de treinamento.

Como se vê na figura 3.4, a fase de recuperação é muito grande, então não há efeito de treinamento. É o exemplo típico dos que só treinam no fim de semana.

Na figura 3.5 vê-se que os períodos de recuperação são muito curtos. O efeito do treinamento é negativo; como no caso de vários treinamentos intensos em dias seguidos.

A figura 3.6 mostra a correta correlação entre trabalho e recuperação. Há um efeito positivo do treinamento, pois o trabalho é sempre iniciado na fase alta da supercompensação.

A lógica do treinamento

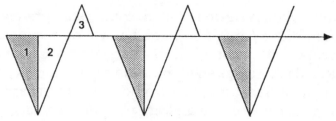

1. Fase de gasto de energia
2. Fase de recuperação
3. Fase de supercompensação

Figura 3.4 - Tempo entre os estímulos muito grande

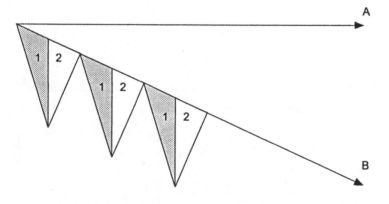

A. Condição normal do indivíduo   B. Condição após o treinamento

Figura 3.5 - Tempo entre os estímulos muito pequeno

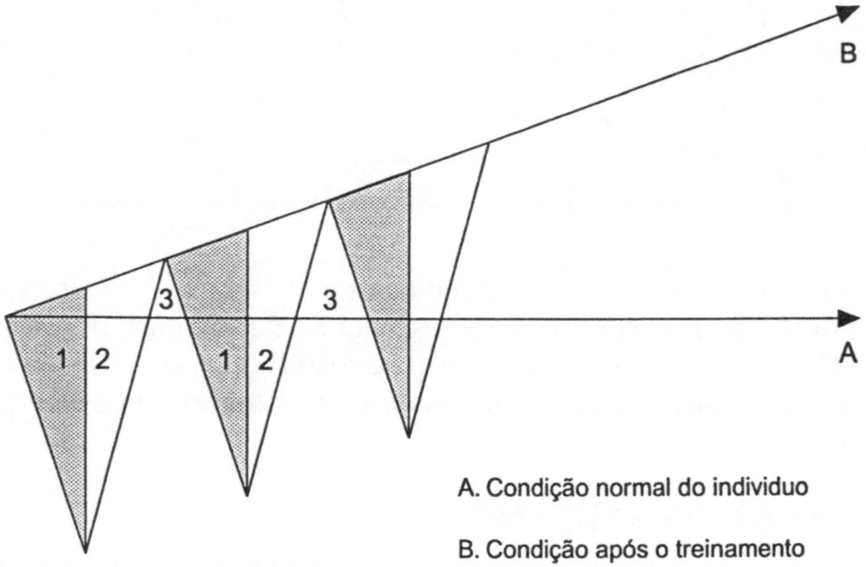

A. Condição normal do individuo

B. Condição após o treinamento

Figura 3.6 - Relação correta entre esforço e recuperação

Teoria e prática do TREINAMENTO ESPORTIVO

Pode haver variantes nesse trabalho, como está apresentado por VASI-LEV e VOLKOV, em que a carga é iniciada na fase de recuperação, ficando, então, uma recuperação incompleta de energias, apresentando uma crescente diminuição das reservas energéticas do organismo. Se, contudo, após essa série de cargas se fizer uma recuperação adequada, a fase de supercompensação poderia ser maior que a alcançada por uma carga única (veja a figura 3.7). Por exemplo, no treinamento de séries de corridas 3 x 200 m, com intervalo de 2 min entre cada tiro; após a primeira série, 8 min de descanso e depois mais uma série de 3 x 200 m com 2 min de intervalo e assim sucessivamente.

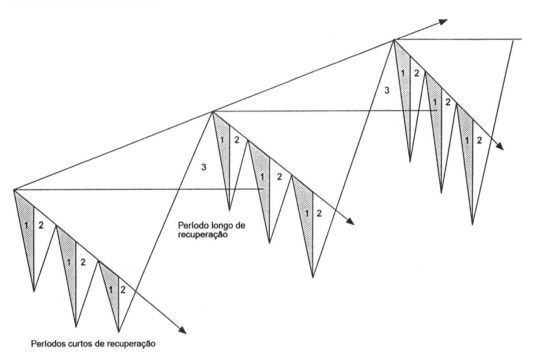

Figura 3.7 - Variante do treinamento para se conseguir maior supercompensação

Teoricamente esse processo deve ocorrer da forma demonstrada, porém é muito difícil encontrar as bases para se determinar, precisamente, quando deve ser o descanso para que o novo exercício seja iniciado na fase de supercompensação. Usam-se apenas critérios simples, como a freqüência cardíaca.

VOLUME E INTENSIDADE

Por volume entendemos o número de exercícios em um período de tempo, que pode ser diário, semanal ou anual.

A lógica do treinamento

O volume ou quantidade é expresso em número de quilômetros, de toneladas de peso, de horas de treino, do número de saltos, etc.

Assim, um atleta pode dizer que corre determinada quantidade de quilômetros por semana, outros atletas, como os arremessadores, dizem que levantam determinada quantidade de toneladas de peso num treino de halteres etc.

O fator volume tem grande importância, porque possibilita o "aprendizado de qualquer gesto esportivo pela repetição sistemática e um condicionamento básico funcional", HEGEDUS (1972). É o caso de certos corredores de fundo que realizam grande quantidade de quilômetros em certos períodos do treinamento anual, para criar condições somato-funcionais.

Entende-se por *intensidade* a exigência mediante a qual se *realiza um exercício* na unidade de tempo. É o grau da carga (máxima, submáxima, média, mínima).

Ela é expressa em percentagens, em tempo, etc.; por exemplo, 85% do esforço máximo. Também a maior velocidade de execução num gesto é uma forma de intensidade.

A intensidade pode ser melhor entendida nos movimentos cíclicos (correr, nadar, remar), onde há possibilidades de considerar o fator tempo. Por exemplo, numa corrida longa em ritmo moderado (intensidade baixa) e numa corrida de 100 m a toda velocidade (grande intensidade).

A intensidade sempre se segue ao volume. Um trabalho realizado apenas com intensidade, sem uma base anterior de volume, proporciona perspectivas medíocres para um ótimo rendimento.

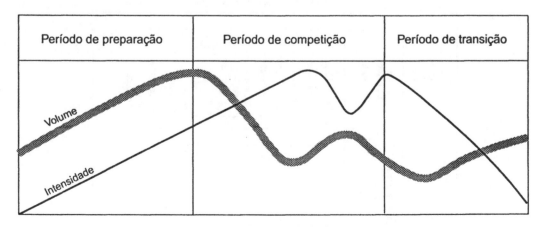

Figura 3.8 - Relação entre o volume e a intensidade do treinamento em um ano

Quando o volume é grande, a intensidade é menor e vice-versa. Isso varia, dependendo do período de treinamento, mas o normal é dar ênfase ao volume no período de preparação e intensidade no período de competição.

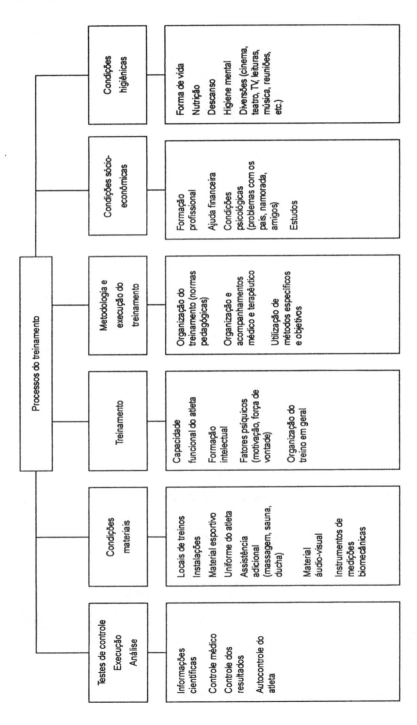

Capítulo 4

O PLANEJAMENTO DO TREINAMENTO

Todo treinamento deve ter um planejamento consciencioso, pois o desenvolvimento das tendências físicas dos atletas não pode ser entregue ao acaso, à vontade, à pura e impensada improvisação e aos caprichos diários dos técnicos, cujos resultados tomariam as oportunidades de desenvolvimento inaproveitáveis. No planejamento do treinamento, deve ser levado em consideração as características e particularidades do atleta, sua formação física e técnica, sua base anterior, suas qualidades de vontade e motivação

Na montagem do plano de treinamento devem ser considerados os pontos, apresentados a seguir.

1. Avaliação do treinamento e resultados do ano anterior.
2. Situação atual da condição física básica e técnica do atleta.
3. Considerações sobre a motivação e as qualidades psíquicas.
4. Planejamento dos objetivos principais para o ano.
5. Fixação das tarefas principais do treinamento.
6. Elaboração da periodização, considerando o calendário das competições.
7. Observações sobre o estado médico-esportivo (lesões, vícios, posturas, deficiências, etc.).

Nessa montagem devemos seguir os princípios do treinamento e também as características específicas das qualidades trabalhadas. Para verificarmos se esse esquema foi correto, deveremos realizar controles dos rendimentos, que são feitos através de testes ou competições no final de cada período.

Grandes resultados só serão alcançados com trabalhos árduos, por isso quem ambiciona um recorde, ou vencer uma competição importante, precisa de uma grande força de vontade para os treinamentos. Sem essa vontade, de nada valem planejamento, os métodos e as técnicas. É necessário educar e desenvolver a vontade de cada um.

Teoria e prática do TREINAMENTO ESPORTIVO

Para isso, iniciamos com pequenas solicitações da vontade, e aumentamos gradativamente as dificuldades das tarefas e a quantidade das solicitações a serem vencidas.

No treinamento, a vontade é especialmente desenvolvida quando uma tarefa é feita em situação dificultosa (cansaço, má qualidade do material, treino com chuva, etc.). Assim é necessário no treinamento, de tempo em tempo, executar um trabalho mais pesado que uma competição. Na competição o atleta deve dar o melhor de si, lutando para realizar aquilo que tem possibilidades. O incentivo e estímulo são ótimos, porém o atleta não pode se apoiar somente nas opiniões dos técnicos dados durante a competição. A experiência ensina que aquela vontade que nos levou a executar as tarefas do dia-a-dia, e que durante os treinos nos levou a superar fracassos e esgotamentos, em determinados momentos pode superar a si mesma e nos levar a vitórias sobre os mais fortes adversários.

É de ZATOPEK a famosa frase: "difícil no treino, fácil na competição".

Contudo, os técnicos devem estar cientes e atentos para fatores que limitam o rendimento, independente de serem imos os métodos de treinamento utilizados, tais como: sono inadequado; rotina de vida irregular; uso de álcool e fumo; más condições de vida (falta de higiene, etc.); más companhias; vida agitada; tensões com os familiares; insatisfação com a profissão;

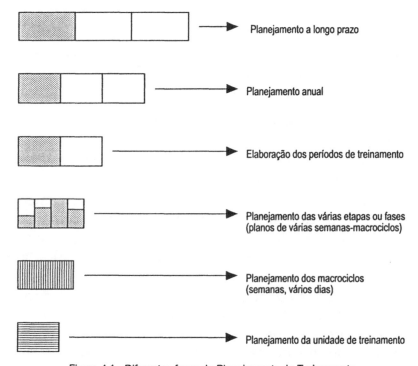

Figura 4.1 - Diferentes fases do Planejamento do Treinamento

O planejamento do treinamento

problema com os estudos; falta de tempo livre; excesso de atividades estimulantes (TV, cinema, revistas, etc.); deficiências nutricionais (ausências e excessos); dificuldades de relacionamento pessoal; excesso de responsabilidades (deveres sociais, exames, provas, etc.). Como vemos são penosos os caminhos para se atingir altos rendimentos esportivos, mas só o fato de conhecermos as dificuldades que existem já nos torna mais preparados para essa missão.

CADERNO DE TREINOS

A auto-suficiência também deve ser cultivada. O atleta tem que se habituar a treinar sozinho, sem a presença do técnico. Por isso, todo o resultado do treinamento deveria ser registrado pelo atleta, pois permitiria uma análise posterior, seu efeito, seus sucessos e falhas. O técnico deveria observar o caderno de treinos após cada fase de treino.

No caderno deverá constar de forma simples, porém completa, os registros:

1. Dia.

2. Horário.

3. Aquecimento (forma e duração).

4. Exercícios educativos (tipos e quantidade).

5. Trabalho principal (tipo, quantidade, duração, intensidade, pausas, etc.).

6. Relaxamento.

7. Outras provas.

8. Outros esportes.

9. Resultados dos testes.

10. Ocorrências.

Capítulo 5

MÉTODOS BÁSICOS DE TREINAMENTO

Compreendemos como métodos de treinamento todos os meios sistemáticos que, utilizando formas específicas, propiciem desenvolvimento da capacidade de movimentos e desenvolvam ao máximo possível as capacidades motoras básicas: força, velocidade, resistência, habilidade, flexibilidade.

Principalmente nos esportes individuais existem muitos meios de se atingir os objetivos propostos e, por isso, existem e continuarão existindo inúmeros métodos de treinamento. O ideal é a escolha judiciosa do método de treinamento que se adaptará ao atleta, respeitando suas características individuais. Por isso não é recomendável se copiar o treino dos grandes campeões ou recordistas, pois os métodos que lhes permitiram atingir elevados resultados são produto de uma adaptação que, na maioria das vezes, não serve aos outros. Eles poderão servir de guia, de fundamento, mas na prática o treinamento deve ser adaptado às diferenças individuais dos atletas.

Os métodos de treinamento tiveram notável evolução nos dias atuais, graças ao auxílio de importantes conhecimentos científicos de fisiologia, neurologia, psicologia, pedagogia e bioquímica. Os fundamentos fisiológicos dos métodos de treinamento partem do principio de que os exercícios físicos são estímulos para desenvolver os órgãos e o sistema orgânico, dependendo da sua natureza, de sua intensidade, de sua freqüência e duração.

As características físicas básicas (força, velocidade, resistência) e suas variantes podem ser treinadas, basicamente, por quatro métodos de treinamento:

1. Método de duração.

2. Método de trabalho intervalado extensivo.

3. Método de trabalho intervalado intensivo.

4. Método de repetição.

Métodos básicos de treinamento

MÉTODO DE DURAÇÃO

Por esse método o trabalho é feito de tal forma que o organismo realiza um esforço ininterrupto, quase sempre em *steady state*, quer dizer, em equilíbrio de oxigênio, assim como em equilíbrio todas as funções orgânicas. Dessa forma, o organismo pode cobrir de perto o consumo de oxigênio para o trabalho e não cai em um débito muito elevado.

No trabalho de duração, as cargas devem ser aumentadas gradualmente, através das seguintes possibilidades:

a) aumentar a duração (volume); a distância ou o tempo de corrida aumenta e a velocidade permanece a mesma.

b) aumentar a intensidade, ou seja, manter a mesma distância e percorrê-la com uma velocidade maior;

c) aumentar a duração e a intensidade; aumenta-se a distância ou o tempo de corrida e ao mesmo tempo a velocidade da corrida.

O trabalho de duração poderá também ser empregado no desenvolvimento da força. Por exemplo, em exercícios de força sem carga adicional, onde ele só poderá ser aumentado no número de repetições, no número de exercícios aplicados ou nos dois fatores juntos.

As corridas de duração são usadas por quase todos os corredores no primeiro período de preparação (PPl).

Exemplo de distâncias (médias) percorridas:

velocistas	(100-200 m)	= 2 a 5 km
velocistas	(400 m)	= 4 a 8 km
meio-fundistas	(800 -1.500 m)	= 15 a 20 km
fundistas	(5 000 - 10.000 m)	= 20 a 30 km

A aplicação desse método de trabalho deverá provocar certas adaptações fisiológicas no organismo, que melhoram a regularidade cardiorrespiratória, a capilarização, a capacidade de absorção de oxigênio, as trocas gasosas e, além disso, é desenvolvida também uma característica psíquica como a vontade, bastante decisiva para o êxito, principalmente nas provas de resistência.

Como vimos nesse método, não existe pausa, e o estímulo é ininterrupto. O volume realizado é expresso em quilômetros, quilos, horas, minutos ou tempo total do treinamento. A intensidade do esforço varia de 70 a 95% para as corridas e 25 a 75% para o treino da força.

Pelo método da duração podemos treinar tanto a resistência aeróbica como a anaeróbica, dependendo da intensidade do esforço. Essa é uma problemática atual, com muitas discussões quanto à freqüência cardíaca.

21

Teoria e prática do TREINAMENTO ESPORTIVO

Autores franceses admitiam que a freqüência cardíaca ideal para a resistência aeróbica, chamada por eles de *endurance*, seria entre 120 e 140 batimentos por minuto. Acima de 140 batimentos o, esforço seria anaeróbico. Pesquisas feitas com telemetria, comprovaram que em competições de corridas de longas distancias, logo após a primeira volta, o pulso se elevava acima de 180 por min e se mantinha nesse nível durante toda a prova. Como as provas sempre tinham longa duração, portanto com um predomínio quase total do setor aeróbico (verifique tabelas de HARRE, KEUL e SUSLOV), é certo que o esforço é quase totalmente aeróbico, e com um pulso acima de 180. Portanto um pulso elevado não significa que o trabalho seja anaeróbico, pois depende do nível e do tempo de treinamento do indivíduo.

Concluímos que não é válido estabelecer trabalho aeróbico ou anaeróbico em função da freqüência cardíaca. WAGNER classifica, conforme segue, as corridas de duração em três níveis, de acordo com a freqüência cardíaca:

1. Corridas com pulso de 120 a 140 por min, que é utilizada para a recuperação dos treinos intensos.

2. Corridas com pulso de 140 a 160 por min, sendo estas, segundo sua opinião, as ideais para desenvolver a resistência aeróbica geral. É baseada em afirmações do fisiologista HOLLMANN "de que o volume-minuto é a condição para melhorar a resistência aeróbica", e esta só é exigida com o pulso entre 150 e 180 batimentos por minuto.

3. Corridas com pulso de 160 a 180 por minuto, onde a intensidade é bastante elevada. Exemplo de um treinamento de corrida pelo método da duração: corrida de 10 km em 50 min, isto é, com um ritmo de 5 min cada km.

APLICAÇÃO DO MÉTODO DE DURAÇÃO A INICIANTES

O princípio básico consiste em adotar as corridas de duração por tempo, tendo a preocupação exclusiva do volume de corrida realizado e não com a pulsação, pois no início, mesmo com pouco tempo de corrida (10 min, por exemplo), seu pulso atingirá valores altos. Porém, depois dessa fase inicial em que se procurará aumentar o tempo de corrida, as adaptações fisiológicas farão com que seu pulso alcance valores menores de batimentos.

Somente após essa fase inicial, em que se procurará atingir pelo menos 30 min de corrida , poder-se-á controlar a pulsação.

Na fase inicial, pode-se interromper a corrida e fazer certas distâncias andando e depois voltar a correr.

Essas corridas podem ser realizadas em qualquer lugar, mas, no início, deve-se dar preferência a lugares planos (para evitar que se saia do *steady state*); elas são melhores desenvolvidas em bosques, campos e parques.

Métodos básicos de treinamento

Depois da progressão no tempo, pode-se utilizar certas quilometragens a percorrer e progredir nas distâncias, mas nunca esquecer das outras atividades, eis que a corrida forma a parte principal do treino, porém não a única. Para um iniciante a formação deve ser multilateral (trabalho generalizado).

TRABALHO INTERVALADO

Quando diferentes estímulos atuam repetidas vezes sobre os sistemas circulatório, nervoso e muscular, as qualidades físicas básicas, força, velocidade e resistência, são melhoradas mais rapidamente do que quando se aplica estímulos sempre iguais. Por isso o treinamento intervalado influencia melhor o complexo desenvolvimento da força, da velocidade, da resistência e suas combinações.

O conceito de trabalho intervalado reside na alternância entre esforço e recuperação, isto é, durante as cargas de treinamento fazem-se pausas de recuperação. REINDELL, ROSKAMM, KEUL, MIES e outros fisiologistas reconhecem que a pausa desempenha papel importante no treino, e diferenciam a pausa que leva a uma recuperação total e aquela que é incompleta.

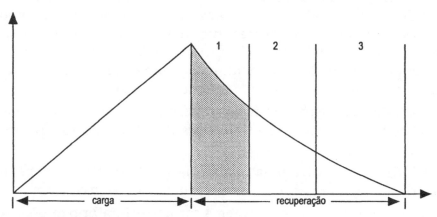

1 – Pausa vantajosa = 1/3 da recuperação total
2 e 3 – Restante da fase de recuperação

Figura 5.1 - Esquema da pausa vantajosa (Schmolinski).

Autores alemães diferenciam dois tipos de pausas: pausa vantajosa e pausa de recuperação.

Pausa vantajosa (REINDELL, KEUL, ROSKAMM, CHRISTENSEN, VOLKOV) é aquela que compreende cerca do primeiro terço do tempo necessário para a recuperação total. Por exemplo, num exercício de intensidade média ou

23

Teoria e prática do TREINAMENTO ESPORTIVO

submáxima, a freqüência cardíaca eleva-se mais ou menos a 180 batimentos por minuto. Dependendo do treino do atleta, a pulsação cai, em mais ou menos 45 a 90 s, para 130 a 120 batimentos. As experiências práticas mostraram que nova carga pode ser aplicada logo após a pausa vantajosa (como no *Interval Training*).

Pausa de recuperação é quando, após um trabalho, a pausa foi muito grande, com a freqüência cardíaca caindo abaixo de 100 batimentos por minuto; ela, então, deixará de ser incompleta (vantajosa), adquirindo um caráter de recuperação (como nas corridas de tempo).

Método do trabalho intervalado extensivo

Esse método apresenta as seguintes características de trabalho: *a intensidade* dos exercícios é relativamente diminuída (média), isto é, em corridas usa-se 60 a 80% da intensidade máxima e, nos exercícios de força, 50 a 60%. Por isso, então, permite-se *muitas repetições* de cada exercício e, logicamente, muitas pausas, ocasionando uma carga geral grande na sua duração. Como a intensidade é média, as pausas, ou intervalos, entre os exercícios são de duração relativamente curta (pausa vantajosa). Ela é determinada individualmente, e não deve passar o primeiro terço do tempo total de recuperação. Para os atletas com algum treinamento, essa pausa compreende cerca de 45 a 90 s; para atletas iniciantes, cerca de 60 a 120 s. Esses números não são regras; o ideal é esperar a pulsação cair para 120 a 130 batimentos por minuto. Normalmente essa pausa e preenchida com trote ou marcha, o que determina uma ação durante a mesma.

Em corridas, *as distâncias* mais utilizadas vão de 100 a 400 m. Nos exercícios de força, usa-se treino em séries de 20 repetições, aproximadamente.

Essa forma desenvolve uma resistência geral no atleta e, dependendo de treino do atleta, a resistência especial também é desenvolvida.

As inúmeras solicitações do sistema cardiorrespiratório impõem certas adaptações fisiológicas, a saber, diminuição da freqüência cardíaca, aumento do volume-minuto, aumento do volume cardíaco, aumento da capacidade de absorção de oxigênio, etc. Quando se realiza um trabalho de força, são treinados os músculos para a resistência geral (muitos grupos musculares) e a resistência muscular localizada. Com esse método de treinamento, os músculos apresentam um sistema a capilar mais desenvolvido, então a provisão de oxigênio para o metabolismo muscular é favorecida e o cansaço é retardado. Ainda são aumentadas em pequenas proporções as reservas alcalinas (substância "tampão") que são necessárias para neutralizar os produtos ácidos do metabolismo.

Métodos básicos de treinamento

Pesquisas recentes mostram que a capacidade de adaptação do organismo atinge as crianças e os jovens da mesma forma que os adultos. Segundo NÖCKER, o jovem reage ao treinamento com um aumento da silhueta cardíaca como conseqüência a uma dilatação normal, e esse aumento segue paralelo a uma elevação do volume por batimento e com isto a amplitude do trabalho cardíaco. Disso se conclui que o jovem mostra, pelo menos qualitativamente, as mesmas demonstrações de adaptação a carga, como as que encontramos junto aos adultos.

Exemplo de um treino de corridas pelo método de trabalho intervalado extensivo:

20 min de trote e ginástica de mobilidade.

1.ª *série* – 10 x 200 m em 36 s.

Pausa vantajosa de 45 s (trotando).

Pausa de 3 min de trote.

2.ª *série* – 10 x 200 m em 34 s.

Pausa vantajosa de 60 s (trotando).

Trote de 15 min.

Exemplo de treino de força pelo método intervalado extensivo.

Os exercícios de força, onde apenas o peso corporal deve ser superado (trabalho de força sem carga adicional), devem ser executados até o cansaço quase total. Dá-se uma "pausa vantajosa" e novamente repete-se os exercícios até o cansaço quase total, e finalmente após nova "pausa vantajosa" podem ser feitas tantas repetições quanto possível.

Exemplo: Apoio de frente no solo. Flexão e extensão de braços.

1.ª *série* – Máximo de repetições feitas, 15 vezes.

Máximo de 60 a 90 s, ação durante a pausa,
exercícios de soltura e relaxamento.

2.ª *série* – Máximo de repetições feitas, 10 a 15 vezes.

Pausa de 60 a 90 s, ação, ídem.

3.ª *série* – Máximo de repetições, 7 a 10 vezes.

Os exercícios devem ser executados corretamente.

Outra possibilidade é dividir a capacidade máxima de repetição em séries e treinar pela forma de circuit-training. Pode-se ainda utilizar pequenas cargas adicionais (colete, saco de areia) ou mesmo utilizar halteres de disco. Neste último caso a carga a utilizar deverá ser igual a mais ou menos 1/3 do peso corporal.

Exemplo: Peso do atleta: 75 kg.

Treinar com pesos de 20 a 30 kg e executar cerca de 20 a 30 repetições.

Exemplos de treinos de corridas, para jovens de 14 a 18 anos, pelo método de trabalho intervalado extensivo (segundo SCHMOLINSKI):

Jovens de 14 a 16 anos			
Distância	Tempo	Pausa (trotando)	Número de repetições
100 m	17 a 20 s	60 a 100 s	10 a 12
200 m	28 a 42 s	90 a 120 s	8 a 10
300 m	53 a 60 s	90 a 120 s	6 a 8
400 m	30 a 100 s	90 a 150 s	5 a 7
Jovens de 17 a 18 anos			
100 m	14 a 16 s	60 a 90 s	12 a 15
200 m	32 a 36 s	60 a 120 s	10
300 m	52 a 56 s	90 a 120 s	8 a 10
400 m	70 a 90 s	120 a 150 s	6 a 10
Atletas (meio-fundo) segundo REINDELL, ROSKAMM e GERSCHLER			
100 m	14 - 16 s	60 - 90 s	30 - 40
200 m	29 a 32 s	60 a 90 s	15 - 20
400 m	66 a 72 s	60 a 90 s	10 - 15
100 m	14 a 16 s	60 a 90 s	30 - 40
200 m	30 a 33 s	60 a 90 s	15 - 20
400 m	68 a 74 s	60 a 90 s	10 - 15

Método do trabalho intervalado intensivo

Esse método caracteriza as seguintes formas de trabalho: as atividades se realizam com uma intensidade relativamente alta, em corridas usa-se de 80 a 90% da intensidade máxima e nos exercícios de força por volta de 75%. Com isso o número de repetições é substancialmente mais reduzido.

As pausas entre os exercícios são relativamente grandes devido à grande intensidade, contudo mantém-se ainda o princípio da "pausa vantajosa". Para atletas com alguma condição ela dura entre 1,30 a 3 min, já o iniciante necessita de 2 a 4 min. Nessa pausa usa-se trotar ou andar, ou ainda exercícios de soltura (caso de treino com pesos), de forma que a pulsação atinja valores de 110 a 120 batimentos por min (recuperação incompleta).

Métodos básicos de treinamento

O cansaço aparece gradativamente, aumentando a cada fase de trabalho, fazendo com que a capacidade de trabalho seja reduzida. Então essa forma de trabalho tem um outro efeito de treinamento que o trabalho intervalado extensivo.

No trabalho intervalado intensivo são aperfeiçoadas a resistência de velocidade, a resistência de força e a força rápida (potência). Do ponto de vista fisiológico sabe-se, que após cada fase de trabalho o organismo entra em débito relativamente alto de oxigênio (cerca de 10 a 12 litros, sendo que o débito máximo está entre 18 e 20 litros). Quanto maior for a intensidade do trabalho muscular mais alto será o débito, por isso os músculos são obrigados a dominar em grande parte seu metabolismo anaerobicamente.

Então se faz necessário neutralizar os produtos metabólicos ácidos intermediários, onde intervêm com grande importância as substâncias "tampões".

Esse trabalho provoca um aumento do corte transversal do músculo (pela grande intensidade dos treinos) e estimula um aumento da capilarização (pelas repetições). De acordo com "NÖCKER" , uma boa capilarização resulta um grande fluxo sangüíneo. Desse modo o contato entre o sangue e o tecido é mais prolongado, de forma que o oxigênio é liberado em maior quantidade. A fadiga é então retrocedida pela irrigação sangüínea aumentada, e também por um consumo econômico e boa atuação do músculo; podendo então ser levado mais oxigênio aos músculos, surgindo, assim, menos produtos metabólicos intermediários redutores de trabalho, como, por exemplo, o ácido lático. Desse modo o cansaço é retardado e, por outro lado, a recuperação é substancialmente acelerada. De todos esses fenômenos de adaptação resultam maiores capacidades de trabalho, melhor grau de atuação e fadiga reduzida. Alguns autores afirmam ainda que é treinada pelo método intervalado intensivo a coordenação sensorial-motora (conjunto de músculos e nervos), melhorando assim a *velocidade*. Num programa de corridas, as distâncias vão de 100 a 600 m. A duração da pausa é individual, para isto devemos tomar a pulsação logo após a corrida, e após a pausa planejada. Somente devemos repetir o novo esforço quando o pulso baixar a níveis de 110 a 120 batimentos por minuto. Durante a pausa se usa trotar ou andar. A carga pode ser aumentada pela diminuição da pausa ou diminuindo-se o tempo de corrida, ou ainda aumentando as repetições.

Exemplo de um treino de corridas pelo método de trabalho intervalado intensivo: 15 minutos de aquecimento (trote).

1.ª *série* = 2 x 100 m em 13,0 s. Pausa de 1.30 min trotando
1 x 200 m em 28,0 s. Pausa de 2 min trotando
1 x 400 m em 64,0 s. Pausa de 2 min trotando
Pausa de 5 min (andando e trotando)

2.ª *série* = 1 x 200 m em 29 s. Pausa de 2 min trotando
1 x 400 m em 63,0 s. Pausa de 2 min trotando
1 X 200 m em 29,0 s. Pausa de 2 min trotando
15 min de trote.

Exemplo de treino de força pelo método intervalado intensivo.

Num trabalho de força, a carga deve ser mais ou menos 75% da capacidade máxima de trabalho. Os exercícios devem ser executados com grande velocidade.

Usa-se o máximo de 8 a 10 repetições por série. Segundo LETZELTER, deve se parar a execução quando o exercício não estiver sendo feito com velocidade. O aumento da carga pode ser alcançado por uma diminuição das pausas ou por uma execução mais rápida, ou ainda por acréscimo de sobrecarga (colete, saco de areia) ou acréscimo de peso (halteres). Não se pode é claro, aumentar o número de repetições, pois assim o princípio de trabalho intervalado intensivo se perderia.

Por exemplo, um saltador de 75 kg de peso corporal: utilizar halteres de 30 a 40 kg. Aquecimento = 30 min de basquetebol.

1.ª série = Arremesso 10 x 30 kg. (o mais rápido possível)
Pausa de 1 min com descontração
Arranco 10 x 40 kg
Pausa de 1 min com descontração
Agachamento 8 x 40 kg
Pausa de 5 min com descontração
Trote e exercícios de flexibilidade

2.ª série = Arranco 8 x 40 kg
Pausa de 1 min com descontração
Agachamento 8 x 40 kg
Pausa de 1 min com descontração
Meio agachamento com salto 4 x 40 kg
Pausa de 1 min com descontração
15 min de trote, exercícios de flexibilidade e descontração.

Métodos básicos de treinamento

Método de repetição

O trabalho sob este método apresenta os seguintes aspectos: a intensidade dos exercícios executada entre 80 a 100% da capacidade máxima. As corridas são efetuadas com 90 a 100%, e os exercícios de força com 80 a 90%. Devido à alta intensidade as repetições são pequenas, isto é, de 3 a 6 nas corridas, e nos exercícios de força também de 3 a 6 repetições por série. É evidente que o princípio da "pausa vantajosa" não pode aqui ser mais respeitado, sendo uma recuperação mais longa. Nas corridas as pausas têm duração de 3 a 15 min, e nos exercícios de força de 3 a 5 min, que podem ser preenchidas trotando ou andando com exercícios de relaxamento.

No método do trabalho de repetição se objetiva o desenvolvimento das seguintes qualidades físicas: velocidade, força máxima, força rápida (potência), resistência de velocidade.

Essa forma de treino provoca a atuação de vigorosos estímulos sobre o organismo, solicitando do sistema nervoso central uma exigência muito forte. Como o trabalho é quase máximo, entra-se rapidamente em um grande débito de oxigênio, devido ao fato dos músculos trabalharem a maior parte em condição anaeróbica. Formam-se grandes quantidades de resíduos ácidos do metabolismo. Para enfrentar esses resíduos ácidos, os músculos devem ter à sua disposição grandes quantidades de substâncias-tampões, substâncias nutritivas, sais minerais e vitaminas. Essas substâncias são aumentadas com o treinamento (adaptação), contribuindo assim, para a melhoria do metabolismo muscular da periferia, como também a melhoria da resistência ao cansaço do sistema nervoso central. Resulta outrossim uma boa ação conjunta de nervos e músculos (coordenação sensorial-motora de acordo com SCHMOLINSKI).

O trabalho de repetições em corridas só pode ser aplicado condicionalmente no treinamento dos iniciantes jovens), pela sua característica de trabalho anaeróbico, onde provoca um elevado débito de oxigênio. Segundo MIES, FILIN e outros, os jovens podem adaptar-se a este tipo de trabalho, porém é preciso cuidado, uma vez que seus organismo são muito instáveis. Experiências feitas na Rússia comprovaram que as crianças e os jovens reagem melhor a estímulos de carga média e de curta duração que a estímulos de carga elevada e de duração prolongada. Então, antes de se fazer esse trabalho deveria ser dado um trabalho pelo método de duração ou então pelo método de trabalho intervalado extensivo, o que resultaria uma relativa adaptação da capacidade de absorção de oxigênio, além de uma melhor capilarização e melhor metabolismo muscular.

Após essa fase pode-se iniciar o trabalho de repetições, usando para isto as distâncias de 30 m, 50, 60, 75, 100, 150 m. Distâncias maiores não

Teoria e prática do TREINAMENTO ESPORTIVO

devem ser percorridas nesse tipo de trabalho por jovens sem "boa base". Dependendo das distâncias utilizadas, são recomendados para jovens de 14 a 16 anos os seguintes números de repetições e pausas (de acordo com SCHMOLINSKI, 1971):

Distância	Repetições	Pausa
30 m	8 repetições	3 a 5 min
50 m	6 repetições	5 min
60 m	5 repetições	5 a 7 min
75 m	4 repetições	7 a 10 min
100 m	3 repetições	15 a 20 min
150 m	2 repetições	20 a 25 min

Essas corridas podem ser feitas em forma de corrida com velocidade variada. Exemplo, 150 m = 50 m "forte", 50 m "fraco" (descontraído, sem fazer força) e 50 m "'forte". Ou 30 m "forte", 30 m "fraco", 30 m "forte", 30 m "fraco" e 30 m "forte".

O trabalho de repetições deverá constar de uma a duas vezes por semana, num treinamento de 6 dias por semana.

Exemplo de treinos de corridas para atletas formados (com boa base) pelo método do trabalho de repetição, segundo SCHMOLINSKI (1971) :

Velocistas de 400 metros			
Distâncias	Tempo aproximado	Número de repetições	Pausa
30 m	máximo	6 a 8	3 a 4 min
50 m	máximo	5 a 6	3 a 4 min
60 m	máximo	4 a 6	4 a 6 min
80 m	máximo	3 a 4	5 a 10 min
100 m	10,8 a 11,4 s	3 a 4	10 a 20 min
150 m	17,0 a 19,0 s	3 a 4	15 a 20 min
200 m	22,0 a 23,5 s	3 a 4	15 a 20 min
300 m	36,0 a 40,0 s	3 a 4	15 a 20 min
400 m	49,0 a 52,0 s	3 a 4	20 a 30 min
500 m	65,0 a 75,0 s	2 a 3	20 a 30 min
600 m	75,0 a 90,0 s	2 a 3	20 a 30 min

Métodos básicos de treinamento

Essas corridas, também conhecidas como corridas de tempo (*tempoläufe*), devem ser feitas com 85 a 90% da intensidade máxima do atleta (as vezes 100%).

As corridas de *sprint* (30, 50, 60, 80 m) devem ser alcançadas com soltura e relaxamento após a aceleração. Todas as corridas podem ser realizadas também sob a forma de corrida com variação de velocidade (sobretudo para os jovens iniciantes), o que certamente contribui para uma autoconsciência e disciplina.

Convém ressaltar mais uma vez que essa forma só deve ser aplicada a atletas bem preparados. Com os iniciantes aplicar ocasionalmente, e com pausas de recuperação bem longas, utilizando a forma de velocidade variada.

Nos exercícios de força com halteres, o trabalho de repetição é aplicado de tal forma que sejam realizados de 3 a 6 repetições, utilizando carga de 80 a 90% do máximo (ocasionalmente 100%) que o atleta conseguiu no exercício de levantamento de peso. Utiliza-se uma pausa entre cada levantamento de 3 a 5 min, realizando exercícios de alongamento e soltura. Pode-se utilizar esse treino sob a forma de "pirâmide" usando o seguinte esquema:

6 x 80%; 4 x 85%; 2 x 90% e 1 x 95% e repetir novamente.

É conveniente que os pesos se elevem na base de 2,5 kg a 5 kg.

Capítulo 6

ETAPAS DA PREPARAÇÃO ESPORTIVA

ETAPAS DE PREPARAÇÃO BÁSICA

É a fase inicial de todo treinamento esportivo. Tem uma duração de 3 a 4 anos. O ideal seria começá-lo aos 8-9 anos. Objetiva-se com isso conseguir as condições necessárias para atingir resultados esportivos elevados na idade adulta, não deve haver especialização nesta fase. A preparação é generalizada, isto é, o desenvolvimento é multilateral. As crianças devem colher experiências motoras em várias atividades, principalmente as do tipo natural, como corridas, saltos, lançamentos. Deve-se ensinar a "técnica bruta" das várias disciplinas esportivas. Utiliza-se o método global de ensino, produzindo a idéia de conjunto. Deve-se facilitar a execução.

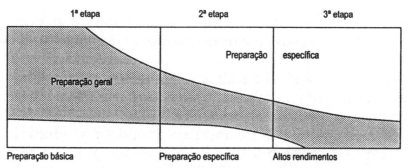

Figura 6.1 - Etapas da preparação esportiva

As capacidades motoras básicas devem ser desenvolvidas de acordo com as capacidades próprias da idade, dando ênfase ao trabalho de resistência aeróbica, velocidade, habilidade e coordenação dos movimentos em geral. Ainda nessa fase, seria ideal despertar a necessidade de treinamento regular, a assiduidade aos treinos etc. Isso se consegue em grande parte com a *motivação*. Para se motivar os praticantes, o treinamento deve ser alegre e variado, concorrendo para isso o caráter geral dos exercícios, as atividades em formas de jogos, de circuitos. Paralelamente, deve haver uma preparação intelectual, apreendendo várias disciplinas, jogos e seus regulamentos, técnicas, e ainda os princípios higiênicos do treinamento. Já devem existir competições, porém dentro de uma faixa etária e sem a finalidade de recordes, pontos para a equipe, ou "ganhar a qualquer custo". Os praticantes devem sempre participar de várias provas, especialmente as do tipo tricatlo (corrida, salto, lançamento), e a evolução dos rendimentos deve ser em função do preparo generalizado e nunca por um treinamento específico. Lamentavelmente, ainda temos nessa fase que corrigir as "faltas" ocasionadas pela ausência da Educação Física regular nas idades inferiores. Assim, devemos observar e cuidar os possíveis vícios de postura, o insuficiente desenvolvimento muscular, a ausência de coordenação geral etc. Somente quando tivermos Educação Física regular e racional nas escolas de 1.º e 2.º graus, poderemos sonhar com uma juventude mais sadia e apta para a prática de qualquer modalidade esportiva.

ETAPA DE PREPARAÇÃO ESPECÍFICA

É também conhecida como etapa de construção, de formação. Tem uma duração de 3 a 5 anos. Nessa etapa continuaremos o aperfeiçoamento das capacidades motoras básicas, das habilidades motoras e daremos ênfase a disciplinas, ou modalidades que o praticante tiver tendência ou preferência. Devemos fixar o grupo de provas atléticas, ou modalidades em que o atleta se especializará, contudo não se abandonará a formação multilateral.

Teoria e prática do TREINAMENTO ESPORTIVO

Entendemos que os resultados ótimos que aparecem não devem ser decorrentes de um treinamento superespecializado, mas em virtude do treinamento de formação. Devemos ter muito cuidado em não exagerar o treinamento específico para se obter altos rendimentos, pois assim estaríamos limitando o futuro competitivo do jovem. Nessa fase é maior a necessidade de treinamento regular diário, de forma a torná-lo um hábito de vida, nada justificando a abandono dos treinos. Para isso, deve-se educar a "força de vontade", para vencer as dificuldades que existirão. Procurar conciliar o treinamento com os estudos ou trabalho.

Desgraçadamente, muitos jovens abandonam o treinamento nessa fase, por motivos sócio-econômicos, iniciando a vida profissional prematuramente, em uma época em que o esporte é decisivo na formação de sua personalidade. Deverá haver muitas competições e situações competitivas (testes) para o praticante avaliar seu rendimento. No final dessa etapa, o trabalho pode ser mais voltado para a especialização. Essa etapa encerra-se quando o atleta alcançar níveis suficientes de formação física e psíquica.

SCHMOLINSKI sugere que nunca se encerre essa etapa antes dos 17 anos, mas também nunca após os 22 anos.

ETAPA DA PREPARAÇÃO DE ALTOS RENDIMENTOS

É a última etapa da vida atlética. O sucesso nessa etapa depende da boa formação nas etapas anteriores. O objetivo é a preparação do atleta para resultados e competições de alto nível. Nos desportos individuais deveria haver especialização em uma só prova, duas em casos excepcional se as provas forem correlatas. Nessa etapa, a fase de preparação geral não é interrompida, mas mantém-se em proporções menores, sendo mais usada no período de preparação. A parte específica tem maior atenção, há um maior volume de treinos, em certos casos duas vezes ao dia. Deverá haver várias competições, pois rendimentos elevados só se atingem quando o atleta se habitua a competir. Temos sofrido inúmeras derrotas no setor internacional, em virtude da falta de competições do mesmo calibre. Não se pode precisar quando termina essa etapa; tudo dependerá das condições individuais. O certo é que todo esportista, ao terminar a carreira, deve continuar sendo um praticante ativo, para a conservação de um bom estado de saúde e o não abandono total da prática esportiva.

Capítulo 7

A PERIODIZAÇÃO DO TREINAMENTO

HISTÓRICO

O treinamento é uma atividade bastante antiga. Há milhares de anos, no Egito e na Grécia, ele já era usado para preparar atletas para os Jogos Olímpicos e também para a guerra. Apenas no final do século XIX, com o renascimento dos Jogos Olímpicos, ele passou de uma forma espontânea a uma estrutura mais sistemática, para elevar o rendimento esportivo.

CONCEITO

Em quase todos os esportes é normal dividir o ano de treinamento em vários períodos e ciclos, com o objetivo específico de se alcançar um alto rendimento através de uma preparação sistemática.

A palavra *periodização* é bastante nova entre nós. Ela surgiu oficialmente no cenário mundial em 1965, através dos estudos feitos pelo Prof. MATVEIEV da União Soviética.

Essa divisão organizada do treinamento anual tem o intuito de preparar o atleta para as competições mais importantes. Assim o objetivo principal da periodização é conciliar o treinamento, de tal forma que os melhores resultados sejam conseguidos exatamente no período determinado (Campeonato Brasileiro, Sul Americano, Jogos Pan-americanos, Jogos Olímpicos, etc.)

OBJETIVOS DA PERIODIZAÇÃO

1. Preparar o atleta para conseguir melhores resultados
2. Preparar o atleta para as principais competições do ano.
3. Preparar o atleta para atingir sua melhor forma na sua competição mais importante.

MATVEIEV (1974) conceituou a Forma Esportiva como um "estado de predisposição ótima para a obtenção de resultados esportivos", cujas características principais são:

1 - Elevada capacidade de executar um trabalho muscular específico;

2 - Racionalização das funções fisiológicas num trabalho sub-máximo;

3 - Alta estabilidade das capacidade coordenativas (técnica);

4 - Recuperação mais rápida da capacidade de trabalho depois do treinamento;

5 - Predisposição emocional especial para atividade treinada.

Muitos atletas falham nas grandes competições, apesar de serem durante todo o ano expoentes em suas provas. Isso se deve a uma má periodização ou, como acontece entre nós, à inexistência de uma periodização.

Atualmente, muitos países organizam seus calendários regionais, nacionais e internacionais dentro de uma periodização , a fim de que seus atletas alcancem bons resultados nas competições importantes.

As federações, confederações e entidades desportivas deveriam planejar seus calendários de competições juntamente com os respectivos técnicos da modalidade, onde se discutiriam as épocas e competições próprias, e em razão delas cada um planejaria a periodização de seus atletas.

KRUGER realizou um estudo comparativo dos resultados nas Olimpíadas do México e de Munique, e concluiu que as nações que seguiram a periodização proposta por MATVEIEV melhoraram significativamente, comparadas com aquelas que não a fizeram.

PERIODIZAÇÃO SIMPLES E DUPLA

A periodização simples refere-se à existência de apenas um período de competição durante a divisão anual, enquanto que periodização dupla refere-se a dois períodos de competição no ano. Em alguns esportes, como atletismo, natação, os resultados foram melhores quando se usou uma periodização dupla. Para MATVEIEV (1974), com esse processo é possível conseguir um rendimento anual maior nas provas onde a força tem um desempenho principal.

Provas	Periodização simples	Periodização dupla
100 m rasos	0,96%	1,55%
Salto em distância	1,35%	1,46%
Salto em altura	2,40%	5,05%
Arremesso do peso	2,58%	3,85%
Lançamento do disco	3,11%	3,87%

(Porcentagem de melhora anual dos resultados, segundo MATVEIEV)

A periodização do treinamento

Ele afirma, ainda, que nas disciplinas explosivas onde o componente técnico é alto, como em saltos e lançamentos, vários "picos" de resultados podem ser conseguidos, enquanto nas disciplinas explosivas com componente técnico baixo (velocidade, barreiras) pode se conseguir três "picos". Isso então justifica a utilização de uma periodização dupla para os atletas dessas provas.

Nas provas de resistência apenas dois picos podem ser alcançados anualmente.

Existe ainda a Periodização Tripla, que é usada para atletas jovens em formação, porém, ela não tem uma estrutura rígida. Nessa periodização existem três períodos de competição, com duração menor que os outros tipos de periodização.

Segundo MATVEIEV (1974), o ano deve ser dividido em três períodos básicos: Período de Preparação; Período de Competição e Período de Transição.

O Período de Preparação é dividido em duas fases: 1.º Período de preparação e 2.º Período de preparação.

1.º Período de preparação

É a fase mais longa do ciclo anual. De acordo com HARRE, ela tem uma duração de 4 meses, quando a periodização é simples, e de 2 a 2½ meses quando a periodização é dupla, porém ela é reintroduzida após o primeiro período de competição e dura, então, de 1½ a 2 meses.

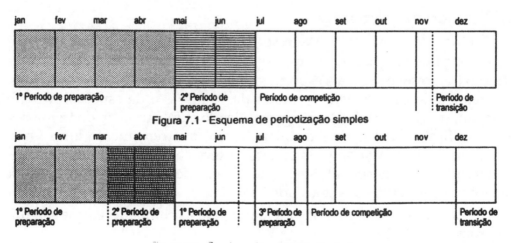

Figura 7.1 - Esquema de periodização simples

Figura 7.2 - Esquema de periodização dupla

Há dois Períodos de preparação: janeiro, fevereiro, março e abril e novamente da metade de junho até julho.

Teoria e prática do TREINAMENTO ESPORTIVO

O 1.º Período de preparação é endereçado ao desenvolvimento generalizado: os fundamentos que determinam o rendimento de uma atividade esportiva. É suficientemente longo para permitir uma formação multilateral. Contudo, para atletas já formados, não se deve abandonar a parte específica. Por exemplo, numa disciplina de resistência, o treino específico deve compreender um volume de 10 a 20% do volume total de treinamento. Uma parte maior é necessária à formação técnica e tática, principalmente para as modalidades esportivas cujo fundamento é técnico, como os jogos coletivos, esportes de luta, de precisão, etc.

Ainda deve ser considerado como parte importante nesse período, o desenvolvimento da educação moral e das qualidades volitivas do atleta. Nesse período, onde se colocam as bases do condicionamento geral, deve-se aumentar o volume, procurando-se aumentar os quilômetros corridos, os pesos levantados, o número de saltos e exercícios, etc. No fim dessa etapa todos os elementos da condição física do treinamento devem atingir um nível ideal, para assegurar um aumento do rendimento na especialidade específica.

Isso deve ser controlado através dos Testes de Avaliação. Em todas as modalidades esportivas, os resultados têm demonstrado que o nível alcançado nessa 1.ª etapa do Período de preparação determina de maneira notável o rendimento no período de competição.

Normalmente nesse período não há competições, porém, se houver, são consideradas meios de treinamento e por isso não devem ser preparadas, quer dizer, não se deve treinar para elas, apenas as usamos como meio de treinamento.

2.º Período de preparação

De acordo com MATVEIEV, esse período dura dois meses quando a periodização é simples, e 1½ mês quando a periodização é dupla. Nessa etapa o treino se torna mais específico, visando, portanto, as necessidades e solicitações de cada prova. O caráter dessa fase é o de especialização; há uma diminuição do treinamento generalizado e um aumento do treinamento específico. Esse é o período mais "duro" do treinamento e no final é alcançada maior carga do treinamento. A técnica deve ser estabilizada, e é importante que o desenvolvimento técnico se desenvolva junto com o desenvolvimento da força, velocidade, resistência, etc.

Nessa fase o treinamento é orientado para as competições que seguirão no próximo período.

Período de competição

O principal objetivo dessa fase é desenvolver o mais completamente possível, e estabilizar os resultados das competições.

A periodização do treinamento

HARRE (1974) sugere para esse período uma duração de 12 semanas, enquanto outros autores vão até 16 semanas, parecendo ser essa duração mais razoável; contudo isto varia de atleta para atleta, de acordo com suas provas, idade, experiência e o nível da competição.

Nessa fase o treino específico é mais enfatizado e a carga dos mesmos continua subindo, em função das competições em vista.

A intensidade do treino deve diminuir de 20 a 30%, pois a sua manutenção, ou mesmo sua extensão, significaria uma sobrecarga tanto física como psíquica. Os treinos entre as competições visam o acúmulo das reservas energéticas do organismo e não o seu desgaste com treinos intensivos.

Deve ser apontado ainda que o nível dos componentes da condição básica, como a força, velocidade, mobilidade, etc., não deve ser negligenciado em favor do desenvolvimento técnico. Por exemplo, a força será diminuída se não treiná-la em 2-3 semanas e isto refletirá nos resultados. Conseqüentemente, o programa de força deverá existir, mesmo no período de competição, ainda que na forma de manutenção. O treinamento generalizado deve ser, nessa fase, um meio de recuperação ativa.

A quantidade de competições nesse período depende da capacidade individual do atleta. O número ideal de competições é um problema muito complexo para se estabelecer. De acordo com HARRE (1974), um atleta jovem melhora seu maior resultado após três competições, enquanto que um atleta experiente deverá igualar seu melhor resultado. Assim, algumas regras básicas poderão ser seguidas, como: o atleta somente deverá competir quando estiver preparado física e emocionalmente; ele (a) deverá competir o necessário para conseguir estabilizar boas marcas.

Para isso é necessário que se participe de competições preparatórias (DICK chama de competições de treinamento) antes das competições principais. Essas competições possibilitam assegurar o estado de treinamento atual e o preparo para as competições mais importantes do período. Então os atletas devem competir em provas que não sejam as suas, mas que tenham relação com elas. Exemplo: um corredor de 400 m com barreiras deve correr 500 m, para verificar sua resistência de velocidade; uma corredora de 100 m com barreiras deve correr 200 m; um saltador em distância deve correr 100 m para verificar sua velocidade. Essas competições preparatórias devem ser em número suficiente para que o atleta alcance seus melhores resultados.

Há que se notar ainda o tempo de recuperação necessária entre as competições e o tempo necessário para se preparar para as competições principais (adaptação ao clima, altitude, fuso horário, etc.).

Outra observação importante nessa fase é o fato de que não traz muito proveito fazer alguma mudança na técnica, ou ensinar novos fundamentos. O componente técnico requer muito tempo de treino e ensaio e deve se iniciar no período de preparação. Toda modificação na técnica só trará resultados negativos e insegurança.

Período de transição

Vem após o período competitivo e tem como objetivo principal fazer uma recuperação física e nervosa. Sua estrutura é de recuperação ativa e nenhum

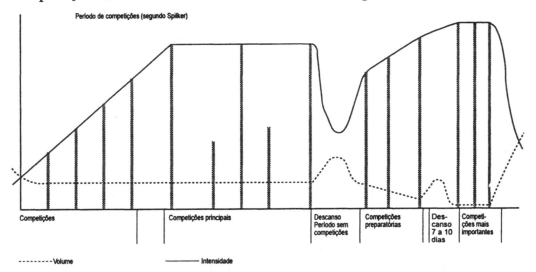

Figura 7.3 - Período de competições segundo (SPILKER)

atleta deveria parar os treinos completamente. A recuperação deve ser ativa e não totalmente passiva. Esse período tem uma duração de 4 a 6 semanas.

Nesse período há uma redução significativa das cargas do treinamento, que terá uma característica generalizada. Pode-se introduzir uma aprendizagem técnica ou corrigir defeitos da técnica. A recuperação ativa pode ser feita através de atividades ou exercícios de outras modalidades esportivas (basquete, vôlei, futebol), que sobrecarregam pouco o organismo, permitindo uma recomposição do sistema nervoso. Essa exercitação deve ter um caráter variável, essencialmente recreativo, alegre, com motivação.

É um erro muito grande que os jovens parem os seus treinamentos durante as férias, deixando cair em demasia sua condição física.

Com um período de transição bem feito, ele poderá recomeçar a próxima temporada com uma capacidade de trabalho maior que a do ano anterior.

Ressalte-se, então, que a perda da forma física é justificável, porém que não desça a níveis muito baixos.

MACROCICLO

Para alguns autores, o macrociclo tem a duração de ⅓, ½ ou 1 ano, porém para outros ele é confundido com o mesociclo e tem uma duração de 4 a 6 semanas no período de preparação e 2 a 4 semanas no período de competição.

É a soma de todas as unidades de treinamento necessárias para elevar o nível de treinamento do atleta.

Tem como característica o desenvolvimento conjunto do volume e da intensidade do esforço. Nele há mudanças rítmicas de longos períodos de cargas elevadas para períodos menores de cargas reduzidas.

A dinâmica do esforço se desenvolve de modo tal que no período de preparação um macrociclo se inicia com um notável aumento de volume e, pouco ao pouco, há um aumento da intensidade, com redução do volume.

No macrociclo do período competitivo, o volume é muito reduzido e a intensidade bastante elevada, o contrário do período de competição.

Na semana que precede uma competição importante se adota o artifício de diminuir o nível de solicitação, de forma que o atleta descanse relativamente.

MICROCICLO

É um grupo de unidade de treinamento organizado, de tal forma que o ótimo valor do treinamento pode ser obtido em cada unidade.

Normalmente tem a duração de uma semana, com as seguintes características:

1. A estrutura do esforço (volume e intensidade) varia em seu curso.
2. Varia conforme o esforço crescente, pelo tempo necessário para a aquisição de um bom estado físico-técnico.

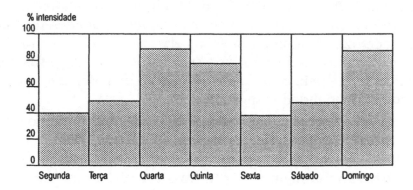

Figura 7.4 - Microciclo com 7 unidades de treino

Teoria e prática do TREINAMENTO ESPORTIVO

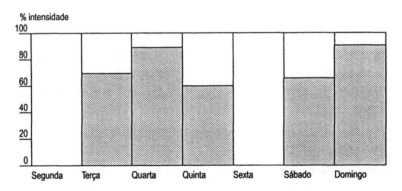

Figura 7.5 - Microciclo com 5 unidades de treino

O microciclo se fundamenta na relação entre o esforço (carga) e recuperação. Para evitar uma solicitação muito elevada, o intervalo entre duas unidades de treinamento deve ser o suficiente para evitar uma fadiga que possa diminuir de maneira significante o rendimento. Como regra, em atletas treinados, mais ou menos 24 horas é o tempo necessário para se recuperar de altas cargas, o que certamente inclui as competições. Esse processo de recuperação pode vir mais rápido, quando, no microciclo, uma unidade de treinamento é intercalada e com exercícios de desenvolvimento generalizados. Em especialidades esportivas com intensas solicitações, é indispensável para um restabelecimento ideal variar a dosagem dos estímulos (carga). Assim, em uma unidade de treinamento se solicita a capacidade de coordenação, em outras o sistema orgânico ou outras funções diferentes.

Essa variação de esforços permite maior progresso do esforço e protege o atleta de acidentes, que freqüentemente se verifica por uma insuficiente recuperação, particularmente dos músculos, tendões e articulações.

O microciclo permite que se concentre a atenção na unidade de treinamento em sua parte principal, além de diminuir a monotonia e o cansaço psíquico, principalmente quando se têm muitas unidades de treinos na semana, concretizando assim uma ótima eficácia de treinamento. Sua construção é influenciada pelo objetivo específico do treino, pelas condições para o treinamento, pela capacidade individual de recuperação e pela particularidade da modalidade esportiva.

O microciclo deve ser construído de tal modo que a unidade de treinamento, com atenção particular para uma qualidade física de rendimento com a velocidade, força, etc., possa ser orientada em um dia com ótima possibilidade de rendimento. Não é possível se ter um esquema geral, válido para todas as modalidades esportivas, contudo certas normas devem ser obedecidas, como colocar o treinamento forte no meio e no fim da

A periodização do treinamento

semana e não no início, porque o atleta iniciaria a semana com um cansaço acumulado. Outra norma geral é colocar o treino de velocidade em dias de ótimas capacidades para tal, que certamente não é imediatamente após um dia de alta intensidade de carga, como, por exemplo, de resistência anaeróbica.

A carga máxima é feita no meio da semana (quarta), de modo que a próxima solicitação elevada será feita no sábado ou no domingo. Como a carga máxima leva a um forte cansaço, pelo grande desgaste, nos dias seguintes a essa carga deve se diminuir a intensidade das mesmas (segunda, terça e sexta). Essa estrutura do microciclo, com um ponto alto no meio e no fim da semana, é mais apropriada para o nosso meio, pois aqui no Brasil as competições são só em fins de semana, e com essa estrutura o organismo habitua-se a esse ciclo e não precisa, em época de competição, adaptar-se a outro ritmo.

Para atletas jovens, o microciclo não tem as mesmas características de um atleta adulto, porque eles necessitam de maior tempo de recuperação.

Exemplo de um microciclo para velocistas durante o 1.º Período de preparação com 6 unidades de treino (segundo THIELE):

Força geral	Coordenação Técnica de corrida Velocidade	Corrida de duração Coordenação	Coordenação Técnica Velocidade	Força geral Coordenação Força especial (saltos)	Coordenação Velocidade Corridas de tempo	Descanso
2.ª	3.ª	4.ª	5.ª	6.ª	Sáb.	Dom.

É normal usarem-se ciclos de 4 microciclos, sendo um deles mais intenso que os 3 restantes. Assim, o primeiro microciclo tem cargas leves, no segundo a carga aumenta, e no terceiro a carga alcança seu máximo. No quarto microciclo há uma diminuição da carga para o nível do segundo microciclo. Com essa mesma carga inicia-se outro ciclo. Essa estrutura de 4 microciclos é chamada por alguns autores de Mesociclos, que pode ter não apenas 4, mas 5 ou 6 microciclos.

A mais usada é um ciclo de 4 semanas, e para as mulheres podemos colocar o microciclo de cargas leves coincidindo com a época da menstruação, para evitar problemas fisiológicos através de treinos intensivos. Os testes para verificar a condição dos atletas, geralmente são feitos no quarto microciclo.

PRINCIPAIS CONTEÚDOS DOS PERÍODOS DE TREINAMENTOS

Um treinamento periódico é caracterizado no seu decorrer pelo seguinte:

Teoria e prática do TREINAMENTO ESPORTIVO

– do geral para o específico; do desenvolvimento da condição até o aperfeiçoamento da técnica da especialidade. Predomina, então, o princípio da gradatividade, ou seja, do pouco para o muito; do volume de treinamento para a intensidade do mesmo; do leve para o pesado; do conhecido para o desconhecido.

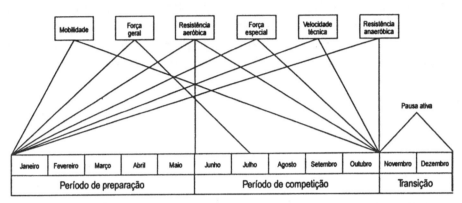

Figura 7.6 - Seqüência de desenvolvimento das capacidades motoras numa periodização simples

Cada um dos períodos deve formar a base para o trabalho seguinte, por isso, é natural que seja incluído, nos períodos, as capacidades motoras que sirvam de ponto de apoio para o desenvolvimento das diferentes aptidões específicas que levam ao rendimento.

A resistência aeróbica é a capacidade básica que mais tempo solícita, por isso, é preciso iniciá-la no período preparatório.

O desenvolvimento da força também exige um longo tempo. A força geral deve começar também no início do período de preparação.

A resistência anaeróbica leva menos tempo, uma vez que aqui se aplica maior intensidade. Como seu desenvolvimento depende de uma boa base de resistência aeróbica, ela será eficazmente desenvolvida no segundo período de preparação, porém já podemos introduzi-la no primeiro período de preparação, com volume e intensidade reduzidas.

O menor tempo de desenvolvimento é dado à velocidade, pela sua característica de coordenação neuromuscular. Contudo ela não deverá ser abandonada, e no fim do 1.º Período de preparação deve ser dada através de jogos de corrida (reação) e em forma submáxima, para depois ir tomando sua característica real.

A flexibilidade que só pode ser desenvolvida através de contínuos treinamentos, é uma compensação do treinamento da força e deve ser, então, paralela a esta. No início ela tem uma característica geral, indo depois para a flexibilidade específica.

A periodização do treinamento

TABELA DE CORRIDAS DE TEMPO (resistência anaeróbica) PARA MOÇAS (velocistas)

Resultado 100 m	1.º Período de preparação			2.º Período de preparação		Período de competição	
	1.º mês 70%	2.º mês 75%	3.º mês 85%	1.º mês 90%	2.º mês 95%	1.º mês 97%	1.º mês 97%
11"8	14"8	14"3	13"1	12"5	12"0	11"7	11"7
12"0	15"1	14"5	13"3	12"8	12"2	11"9	11"9
12"2	15"3	14"8	13"6	13"0	12"4	12"2	12"2
12"4	15"6	15"0	13"8	13"2	12"6	12"4	12"4
n.º de repetições	10-12	10-12	8-10	4-6	2-4	2-4	2-4
Pausa	3'	3'	4'	5'	6-8'	8-10'	8-10'
200 m							
23"8	30"2	29"0	26"7	25"5	24"4	23"9	23"9
24"2	30"7	29"5	27"1	26"0	24"8	24"3	24"3
24"6	31"2	30"0	27"6	26"4	25"2	24"7	24"7
25"	31"7	30"5	28"1	26"8	25"6	25"1	25"1
n.º de repetições	4-6	4-6	3-5	2-4	2-4	1-3	1-3
Pausa	4'	4'	4-6'	6-8'	6-9'	8-10'	8-12'
300 m							
39"2	50"2	48"3	44"4	42"5	40"5	39"8	39"8
40"0	51"2	49"3	45"3	43"3	41"4	40"6	40"6
40"8	52"3	50"3	46"2	44"2	42"2	41"4	41"4
41"6	53"3	51"3	47"2	45"1	43"1	42"2	42"2
n.º de repetições	4-6	4-6	3-5	2-4	2-3	1-3	1-3
Pausa	6'	6'	6-8'	8-10'	8-10'	8-12'	8-12'

A UNIDADE DE TREINAMENTO

A unidade de treinamento é a sessão de treino propriamente dita. É a menor unidade na organização do processo de treinamento. É influenciada pelos locais de treinamento, materiais disponíveis, clima, disponibilidade do atleta, faixa etária, etc.

Estrutura de uma unidade de treinamento

Uma sessão de treino é formada de três partes básicas: uma parte preparatória, que é o aquecimento; uma parte principal, que contém as tarefas mais importantes do treino; e uma parte final ou relaxamento.

O aquecimento consiste na preparação geral do organismo do atleta e também na preparação especial. Essa parte é transferida diretamente para a parte principal do treino. A melhor forma de aquecimento é a corrida e suas variadas formas. Exemplo de aquecimento: trotar, andar, movimentações variadas, exercícios de alongamento e jogos (basquete, futebol americano, etc.).

Essa parte objetiva uma prontidão dos principais grupos musculares que serão utilizados na parte principal.

Podemos aproveitar o aquecimento para melhorar determinadas qualidades ou para fortalecer pontos fracos do atleta. No caso de um atleta que tem pouca mobilidade, pode-se fazer um aquecimento orientado para essa qualidade, realizando grande variedade de exercícios de alongamento e trote. Um aquecimento de treinamento dura normalmente de 20 a 30 minutos. Na parte principal são realizadas as tarefas predeterminadas pelo plano de treinamento. Quanto mais adiantado for o atleta, mais especializado será o treino na parte principal. Nessa parte da unidade de treinamento pode-se ter duas ou mais tarefas específicas. Por exemplo, um treino que tenha como conteúdo principal a velocidade e depois desta a técnica do salto em distância. Aqui também são exigidos certos princípios, ou seja, todos os exercícios ou atividades que exijam concentração, reação e coordenação devem ser realizados no início da parte principal, como por exemplo, os treinos da técnica, da velocidade; a resistência (qualquer tipo) seria sempre colocada no final do treino.

Os treinamentos pesados realizados antes dos exercícios técnicos não se adequam, porque o grande cansaço, produzido pela solicitação do sistema nervoso central, prejudica bastante a capacidade de coordenação e segundo NETT "um músculo cansado comprovadamente nada aprende, ou aprende muito pouco".

Para estabelecer a correta seqüência do ponto de vista científico, KOROBOV, da União Soviética, pesquisou em qual seqüência a velocidade, a força e a resistência teriam melhor desenvolvimento. Após a aplicação de testes, concluiu-se que a velocidade não se desenvolvia significativamente quando era realizada após o treino de força, devido ao grande cansaço do sistema nervoso central na emissão de impulsos para a realização do trabalho de força, e a conseqüente influência de emissões de impulsos exigidos no desenvolvimento da velocidade. A força diminuía significativamente após um trabalho de resistência, por isso deveria ser realizada antes, e nunca após. Além disso, a recuperação do organismo é mais rápida após um

A periodização do treinamento

PERÍODO	PREPARAÇÃO						COMPETIÇÃO					TRANSIÇÃO
Fases ou etapas	1ª fase			2ª fase			1ª fase			2ª fase		
Datas	Jan	Fev	Mar	Abr	Mai	Jun	Jul	Ago	Set	Out	Nov	Dez
Objetivos	Preparação física geral			Prep. física específica			Técnica, tática, etc.			Aprimoramento técnico e tático		Recuperação ativa
Unidades de treino semanal	6			10	10	7	6	5	7	5	5	4
Conteúdo do treinamento	Resistência aeróbica Força geral Mobilidade Jogos, etc.			Velocidade Força especial Técnica, etc.			Técnica Velocidade Tática, etc.			Técnica Tática		Habilidade, etc.
Meios de treinamento	Corridas de duração Exercícios de flexibilidade Saltos de todas as formas Basquetebol futebol, etc.			Corridas de tempo Corridas de *sprints* Saltos horizontais etc.								Jogos Recreação Aprendizagem de novos elementos
Locais de treinamento	Bosque, sala de halteres, campo, etc.						Pista, ginásio, etc.					

Figura 7.7 - Exemplo de um esquema geral de periodização

Teoria e prática do TREINAMENTO ESPORTIVO

trabalho de força do que um trabalho de resistência. Portanto, KOROBOV sugere a seguinte seqüência:

a) velocidade;

b) força;

c) resistência.

Devemos iniciar o treinamento com exercícios que desenvolvam a velocidade, depois a força e somente no final do treinamento aplicamos um trabalho de resistência.

Contudo, isso não significa que sempre tenha que se seguir essa ordem. Se o objetivo principal às vezes é a resistência, esta pode vir em primeiro lugar, seguindo depois outro trabalho, mas com sentido de compensação. Seguramente, não traz proveito realizar trabalho de velocidade ou força após treinos de resistência.

A parte principal do treino dura cerca de uma hora e meia a duas horas, dependendo das condições do atleta, de sua idade, do período de treinamento, etc.

A parte final ou relaxamento objetiva trazer o organismo à condição de normalidade. Podem ser realizados exercícios de relaxamento, trote leve ou jogos. As atividades devem ter um caráter alegre, favorecendo um relaxamento real. É normal se realizar uma corrida lenta (trote) na grama, que possibilita a desintoxicação da musculatura trabalhada.

Capítulo 8

VELOCIDADE MOTORA

CONSIDERAÇÕES GERAIS

A velocidade é uma característica neuromuscular, que está presente em todas as situações nos vários esportes. Popularmente, diz-se que a velocidade é uma capacidade de realizar um movimento no menor espaço de tempo. Na física, expressa-se pela fórmula $V = \frac{d}{t}$ isto é, a distância percorrida na unidade de tempo.

A velocidade é bastante específica e também relativa. Certas pessoas podem executar um movimento bem rápido e outro relativamente lento. Segundo ZACIORSKI (1974) a transferência da velocidade somente ocorre quando os movimentos apresentarem coordenações semelhantes.

Em movimentos de coordenação diferente não existem correlação entre suas velocidades. Isso, contudo, não está bem definido, pois em pessoas destreinadas verificou-se uma grande transferência da velocidade. A velocidade se constitui na base de vários esportes, mais precisamente no *atletismo*. Tudo se orienta pela velocidade, onde, pela diversificação dos movimentos, é bem diferenciada.

DEFINIÇÕES DE VELOCIDADE

"É o decurso de rapidez de processos, funções e ações situados acima de determinada situação específica e barreiras individuais", segundo FETZ (1964).

Para HOLLMANN e HETTINGER "é a máxima velocidade do movimento que pode ser alcançada".

"Capacidade de realizar um esforço de máxima freqüência e amplitude de movimentos durante um tempo curto", segundo CHANON.

Para HILL "é a máxima capacidade de deslocamento na unidade de tempo sem perda aparente de energias".

"Capacidade de concluir, num espaço de tempo mínimo, ações motoras sob exigências dadas" segundo ZACIORSKI (1974).

Teoria e prática do TREINAMENTO ESPORTIVO

Para FAUCONNIER "é a qualidade particular dos músculos e das coordenações neuromusculares, permitindo a execução de uma sucessão rápida de gestos, que em seu encadeamento constituem uma só e mesma ação, de uma intensidade máxima e de uma duração breve ou muito breve".

É o tempo gasto para percorrer uma certa distância.

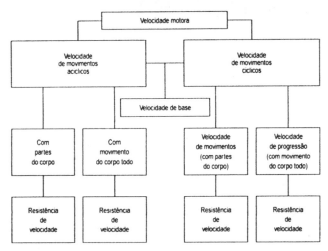

Figura 8.1 - Tipos de velocidade (Grosser, 1972)

Os movimentos acíclicos se caracterizam por não apresentarem nenhuma repetição de partes de fases em seu processo de movimento. As atividades básicas de lançar, saltar, empurrar, levantar, são exemplos típicos de movimentos acíclicos, e no esporte temos o drible, o soco, o jogo de tênis de mesa, como exemplos desses movimentos realizados com velocidade. Esses movimentos nunca se repetem da mesma forma.

Os movimentos cíclicos são aqueles que mostram repetições de fases. A maioria dos movimentos de locomoção são cíclicos, como andar, correr, nadar, remar, andar de bicicleta, etc. Em alguns esportes exige-se uma rapidez de movimentos cíclicos com partes do corpo. Por exemplo, na canoagem e no ciclismo. Em outros esportes há uma característica de velocidade de progressão cujos movimentos abrangem o corpo todo, como por exemplo no remo, nas corridas, nas corridas de velocidade no gelo, na natação, etc.

Em ambos os casos, ou seja, em velocidades de partes do corpo e em velocidades com movimentos do corpo todo, pode se ter uma exigência: a de manter a velocidade o maior tempo possível, aparecendo, então, o fator resistência que se denomina *resistência de velocidade*.

Velocidade motora

O fator comum entre todos os tipos de velocidade é a *velocidade de base*. Segundo HILL a velocidade de base se caracteriza pela "máxima capacidade de deslocamento na unidade de tempo, sem perdas aparentes de energias". Para esse autor, na corrida essa velocidade somente atinge uma distância aproximadamente de 60 m. Acima dessa distância entra o fator resistência, que já denominamos resistência de velocidade ou *velocidade prolongada*.

A velocidade de base é um fator herdado da característica velocidade, portanto um indivíduo nasce com velocidade ou nasce sem velocidade, mas nunca se nasce velocista.

CARACTERÍSTICAS FISIOLÓGICAS DA VELOCIDADE

A velocidade depende da perfeita integração do sistema neuromuscular. O sistema nervoso central regula cs processos que acionam as diferentes musculaturas com o seguinte procedimento: os nervos sensitivos ou receptores recebem os estímulos e, através dos nervos aferentes, transferem o estímulo para o sistema nervoso central, onde se processa a ordem a ser transmitida às massas musculares correspondentes. Essa ordem é enviada pelos nervos aferentes aos fascículos musculares através da placa motora, havendo uma excitação do músculo, originando uma atividade muscular, realizando-se então o movimento.

Do ponto de vista bioquímico, a velocidade depende da quantidade de ATP no músculo, da rapidez de sua decomposição sob a influência do impulso nervoso, e ainda do tempo de ressíntese do ATP. Como os movimentos são rápidos, a ressíntese do ATP se dá quase que exclusivamente por mecanismos anaeróbicos, ou seja, o fosfato de creatina (CP) e o mecanismo glicolítico (segundo JAKOVLEV). De acordo com VOLKOV, nas corridas curtas até 200 m e em natação até 50 m os mecanismos anaeróbicos participam com mais de 90%. Forma-se, então, um grande débito de oxigênio que só é extinguido após um longo tempo.

Para HOLMANN e HETTINGER (1989), a velocidade é ainda influenciada pela força básica, pela coordenação, pela velocidade de contração da musculatura, pela viscosidade das fibras musculares, pela relação de alavancas das extremidades-tronco e pelo poder de reação. Como os três últimos fatores são constitucionais e praticamente não podem ser influenciados pelo treinamento, sobram apenas a força básica, a coordenação e o poder de reação para serem treinados.

A velocidade independe do biótipo. Há indivíduos bastante altos e velozes e outros baixos com o mesmo grau de velocidade. Contudo, CURETCN afirma que os indivíduos dotados de membros grandes, especialmente as pernas, devem ser mais rápidos, como resultado de condições de trabalho mais favoráveis das alavancas ósseas.

Velocidade motora

KARPOVICH argumenta que, nas atividades de destreza, a velocidade depende principalmente do estabelecimento de reflexos condicionados, mas nas corridas depende simplesmente da redução do tempo necessário para uma contração e um relaxamento muscular completo.

A VELOCIDADE NOS ESPORTES

A terminologia esportiva diferencia várias formas de velocidade que estão presentes em quase todas as disciplinas do Atletismo: velocidade de reação, velocidade de movimentos (em movimentos acíclicos), velocidade de locomoção ou velocidade de *sprint* (em movimentos cíclicos) e velocidade de força (em movimentos cíclicos e acíclicos).

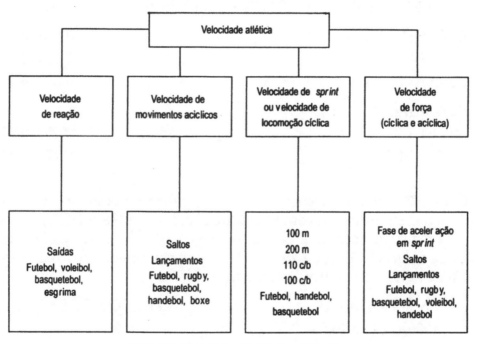

Figura 8.2 - Formas de velocidade nos Esportes

Velocidade de reação

Segundo STEINBACH a velocidade de reação "é o tempo entre um sinal até um movimento muscular solicitado", por exemplo, no tiro de partida até a primeira impressão deixada no bloco. Dessa forma, vale a atuação dos órgãos sensoriais, a condução para os locais de percepção central, os fenômenos da percepção central e os impulsos até o estímulo no músculo, onde se dá a representação do movimento. Alguns autores chamam a velocidade de reação de *tempo de reação*. MEUSEL define o tempo de reação de uma

Teoria e prática do TREINAMENTO ESPORTIVO

forma bem prática: "o tempo de reação corresponde ao espaço de tempo, desde o tiro de saída até o primeiro movimento do velocista".

STEINBACH concluiu que uma pessoa pode reagir rápido sem possuir uma grande velocidade básica. Segundo ele, um velocista não precisa ter rapidez de reação, pois no resultado final esse fator tem um valor insignificante. Contudo, os grandes velocistas têm um excelente tempo de reação, o que prova que esse fator pode ser melhorado com o treinamento, embora em valore mínimos. A velocidade de reação manifesta-se depois de estímulos visuais, acústicos (sonoros) e táteis. A maioria dos estímulos nos esportes são do tipo acústico e visual.

VELOCIDADE DE REAÇÃO (segundo ZACIORSKI , 1974)

ESTIMULO VISUAL	*TEMPO*
ATLETAS	0,15 a 0,20 s
NÃO-ATLETAS	0,20 a 0,35 s
ESTIMULO ACÚSTICO	
ATLETAS	0,05 a 0,20 s
NÃO-ATLETAS	0,17 a 0,27 s

Como não há informações de como se realizou a pesquisa. não podemos tomar esses números como verdade absoluta. GROSSER (1972) em uma pesquisa realizada com cinqüenta pessoas não-atletas, quarenta e oito estudantes de Educação Física e 28 *sprinters* com rendimento nos 100 m rasos entre 10,5 e 11,2 s, encontrou os seguintes valores:

NÃO-ATLETAS	*TEMPO DE REAÇÃO*
100 m: 13,0 a 16,0 s	0,14 - 0,31 s
ESTUDANTES DE EDUCAÇÃO FÍSICA	
100 m: 11,5 a 13,5 s	0,11 - 0,24 s
SPRINTERS	
100 m: 10,5 a 11,2 s	0,07 - 0,17 s

MEUSEL considera como componente do tempo de reação o denominado *tempo latente*. Segundo ele "é o tempo que passa entre a recepção de um estímulo nas fibras musculares e a contração dos músculos". Esse tempo importa em 0,004-0,01 s. O calor diminui esse tempo e o frio o prolonga.

Velocidade motora

Essa afirmação justifica o valor do aquecimento antes das provas de velocidade, quando o tempo de reação estiver presente. A velocidade de reação deverá ser melhor quando existir aquecimento, concentração, atenção e pré-tensão muscular. Segundo TUTTLE e PEARSON, a velocidade de reação aumenta com uma certa tensão da musculatura, por isso se recomenda aos velocistas que, na saída dos tacos, deve-se pressionar levemente contra o mesmo antes de sair. A velocidade de reação é influenciada negativamente pelo frio, pela concentração deficiente, por intervalos não habituados de estímulos e por fatores ambientais que atrapalham (barulho, música, torcida etc.).

ZACIORSKI (1974) considera uma tarefa extremamente complicada a melhora da velocidade de reação. Ele acha que essa melhora é de centésimos de segundos e às vezes décimos de segundo. Com o treinamento, pode-se melhorar a velocidade de reação sem melhorar a velocidade de movimentos. Na prática, são empregados os jogos de reação, saídas de todas as formas e alguns jogos desportivos, como o basquetebol e o futebol.

Velocidade acíclica

Para MEUSEL, velocidade de movimentos "é a rapidez de movimentos acíclicos". São exemplos típicos o lançamento do dardo, disco, saltos. Essa velocidade depende dos seguintes fatores: corte transversal muscular, boa elasticidade muscular, (capacidade de tensão e relaxamento), boa coordenação da técnica desportiva e do mecanismo biomecânico da musculatura (alavancas).

Uma deficiente coordenação muscular e uma deficiente força muscular atuam negativamente na elevação da velocidade de movimentos, segundo FETZ. Contudo não se pode melhorar a velocidade de movimento apenas com a formação de maior espessura muscular (treino de força). Não se pode esquecer da mobilidade articular, da elasticidade e da coordenação (aperfeiçoamento do processo nervoso) junto ao treinamento de força, de forma individual e específica da disciplina, para elevar essa forma de velocidade.

Velocidade cíclica ou velocidade de *sprint*

É a capacidade de executar movimentos cíclicos com bastante rapidez, como nas corridas de 100 a 400 m rasos, nas corridas com barreiras e nas corridas de revezamentos.

São fatores essenciais para a velocidade de *sprint*: a elasticidade muscular, a coordenação dos movimentos, o ritmo, a aptidão, o corte transversal muscular, a força específica, o mecanismo biomecânico da musculatura, a técnica dos movimentos e a freqüência dos mesmos.

Teoria e prática do TREINAMENTO ESPORTIVO

MEUSEL assinala para a velocidade de *sprint* a significativa formação da alternância rítmica de contração e o relaxamento da musculatura. O treino sistemático leva a uma contração muscular mais rápida e forte (SIMKIN) e, também, a um melhor relaxamento da musculatura. Segundo MEUSEL, a fase de relaxamento não é importante apenas para o metabolismo, mas também para a recuperação dos processos nervosos. Outros esclarecimentos importantes dizem respeito à freqüência dos movimentos na velocidade de *sprint*. BALLREICH, GUNDLACH e IKAI comprovaram em diversas pesquisas que nas corridas de *sprint* não é tão importante a freqüência máxima de movimentos, mas é de suma importância uma *freqüência ótima*. Com isso, nas corridas, as passadas maiores com freqüência um pouco mais reduzida são vantajosas às passadas curtas com alta freqüência de movimentos. Atualmente, os velocistas procuram encontrar uma relação ótima entre a freqüência e a amplitude dos movimentos. Essa forma de velocidade pode ser treinada através de exercícios de coordenação *(skippings, drib blings,* etc.) e de corridas com velocidade máxima (lançadas).

Velocidade de força

É a capacidade de executar com rapidez ações motoras contra resistências maiores, por exemplo, na fase de aceleração de uma prova de velocidade, a impulsão nos saltos, a fase final dos lançamentos. Pode ser melhorada pelo aumento da força e da coordenação. Pode-se treinar a velocidade de força com exercícios contra a resistência (corridas morro acima, corridas de tração, etc.) e acrescentando cargas, como saco de areia, colete ou halteres de disco.

TREINAMENTO DA VELOCIDADE

Já vimos que a velocidade depende dos fatores de força básica, coordenação, velocidade de contração da fibra muscular, viscosidade das fibras musculares, relação de alavancas entre extremidades-tronco, poder de reação e técnica do movimento.

Como a maioria desses fatores são constitucionais e não podem ser mudados pelo treinamento, restam apenas a força básica, o poder de reação, a técnica e a coordenação a serem melhoradas. Sabe-se que, para a melhoria da velocidade, devem ser executados exercícios de forma rápida, que possuam as seguintes características: a) exercícios cuja execução técnica seja possível com grande rapidez; b) exercícios cuja técnica seja bem dominada pelos executantes, de forma que possam se concentrar na velocidade de execução; c) exercícios que tenham uma duração satisfatória, de maneira que, no final do treino, a velocidade de execução não diminua como conseqüência do cansaço.

Velocidade motora

Segundo FARFEL os exercícios executados com intensidade máxima não podem durar mais de 20–22 s em atletas de categoria; em atletas mais fracos esse espaço de tempo deve ser ainda menor. Segundo HILL, em corridas a duração não deve ser maior do que 6 s, desde que a intensidade de execução seja máxima. Isso se traduz na prática por corridas curtas que vão até 60 m. São usadas então as corridas em 20 m, 30 m, 50 m executadas com intensidade máxima.

OSOLIN acha que o ideal seria superar a própria velocidade máxima no treinamento, contudo isso é difícil e raramente ocorre, principalmente por falta de motivação. No entanto pode-se criar situações com o intuito de "tentar" superar a própria velocidade, como correr com vento a favor, correr contra adversários mais fortes, ou mesmo usar material mais leve, etc.

As pausas entre os exercícios devem assegurar uma completa recuperação. A duração dessa pausa é determinada por dois processos fisiológicos: a mudança de excitação do sistema nervoso central e a reconstituição das funções vegetativas, que estão relacionadas com a anulação do débito de oxigênio (TAVARTKILADZE). Deve-se observar, porém, que essas pausas não devam ser tão longas para que não diminuir a excitabilidade do sistema nervoso central. Para se manter essa excitabilidade, o ideal seria uma pausa ativa, como marcha, trote ou exercícios de descontração, onde haveria constantemente emissões de impulsos para os mesmos grupos musculares do trabalho principal, mantendo, assim, a excitabilidade dos centros nervosos motores. Nas corridas curtas de velocidade, 2 a 3 min seriam suficientes para a recuperação. É preciso estar atento, pois, quando houver uma diminuição na velocidade de execução, é sinal de que está entrando o cansaço e seria aconselhável a interrupção do treinamento de velocidade. Se houver insistência em continuar os exercícios, já não se está mais trabalhando em velocidade e sim em resistência de velocidade ou de *sprint*.

ZACIORSKI (1974) aponta outro precedente importante para o treinamento da velocidade, que é a ótima condição de excitabilidade do sistema nervoso central. Isso somente é possível quando os atletas não estiverem cansados dos treinos anteriores. Logo , os exercícios de velocidade devem ser colocados no início do treinamento. Outra precaução é a de não se colocar um treino de velocidade no dia seguinte a um trabalho cansativo, como por exemplo um treino de resistência anaeróbica. É aconselhável, ainda, que os treinos de velocidade não se repitam em dias seguidos, devendo ser alternados com outros, dedicados a diferentes qualidades físicas.

A velocidade pode ser melhorada pelo aumento da força. Um músculo mais forte pode movimentar uma carga mais rapidamente, contudo o aumento da força não deve ser exagerado, de modo a prejudicar a estrutura

Teoria e prática do TREINAMENTO ESPORTIVO

técnica do movimento. Essa é uma problemática muito discutida atualmente. Qual é o nível de força ideal para o velocista? Deveria o treino ser de força máxima ou força rápida (potência)? Aspectos relativos a essa questão serão apresentados em outro capítulo. O último aspecto que pode melhorar a velocidade é a coordenação.

Embora seja difícil se treinar a coordenação, esta é importantíssima para a melhora da velocidade. Para NÖCKER (1964), no treino da velocidade, o melhoramento das funções do sistema nervoso é importante para o rendimento.

Através da coordenação, o sistema nervoso central tem capacidade de excluir todos os movimentos supérfluos, frenantes e de atrito dos músculos que não estão diretamente ligados ao movimento (*fixação*). Essa tarefa dos músculos de entrar em ação com harmonia para um movimento, e a exclusão dos músculos não-necessários tendo que ser executada na mais alta velocidade, é muito cansativa para o cérebro e não pode ser alcançada de um dia para o outro. *Na prática, usamos muitos exercícios de coordenação para atingir esse objetivo*. De início esses exercícios podem ser executados lentamente e, à medida que forem sendo coordenados, devemos aumentar a velocidade de execução.

Exemplos de exercícios de coordenação para corridas, apresentados conforme:

1. Trabalho de tornozelos: movimentação dos pés procurando estendê-los; toca-se o chão com a ponta e abaixa-se até o calcanhar; deve-se manter os braços na posição de corrida e evitar elevar muito os joelhos.

2. *Skippings* ou elevação dos joelhos: elevação dos joelhos alternadamente até a horizontal; os braços devem se movimentar como na corrida.

3. Elevação dos calcanhares atrás: elevar os calcanhares alternadamente tocando os glúteos; não se deve elevar os joelhos, procurando mantê-los perpendicular ao tronco.

4. Oscilação da perna à frente: o joelho é elevado como *no skipping*, mas em vez de voltar diretamente ao chão, estende-se a perna à frente e abaixa-se em direção ao solo.

5. Roda: combinação dos exercícios 3 e 4.

6. Combinação de trabalho de tornozelos e *skippings* (10 m de um, 10 m de outro, etc.).

7. Picadinho: parado no lugar, movimentar as pernas o mais rápido possível, procurando "tamborilar" o solo.

8. *Hop*: progressão, saltitando nos dois pés e elevando um joelho de cada vez.

Velocidade motora

9. *Hopser lauf*: progredir, saltitando, dando impulsão em uma perna e caindo sobre a mesma; deve-se elevar o joelho da perna livre até a horizontal e trabalhar energicamente o braço oposto da perna livre.

10. Elevação dos joelhos alternadamente a cada 3 ou 5 passadas: as passadas são lentas e pequenas e a elevação bastante rápida.

11. Corridas de coordenação: são corridas submáximas (60-70%) em 60-80 m, com o objetivo de correção dos movimentos.

12. Corridas de aceleração: corridas de 50-60 m com aumento progressivo da velocidade; deve-se procurar aumentar a velocidade mantendo uma descontração da musculatura que não participa dos movimentos, principalmente do tronco.

13. Corridas de inércia: corrida de 30 a 60 m em que se acelera um certo trecho e procura-se manter a velocidade adquirida até o final, por exemplo, 30 m acelerando e 30 m mantendo.

14. Corridas divididas *(ins and outs)*: são corridas com variação de velocidade, por exemplo, 50 m (10 m forte, 10 m fraco, 10 forte, 10 fraco, etc.) ou 60 m (20-20) ou 90 m (30-30).

15. Corridas lançadas: são trechos curtos de corrida, por exemplo, 30 a 50 m que são percorridos a toda velocidade possível; para isso, sai-se de 20-30 m antes e vai-se acelerando de forma que já se esteja em velocidade máxima no início do trecho.

A PROBLEMÁTICA DA ESTABILIZAÇÃO DA VELOCIDADE

Sabemos que muitas repetições levam à formação de um estereótipo dinâmico motriz e, conseqüentemente, à estabilização do movimento. Logo, muitas repetições de exercícios de velocidade poderiam conduzir a uma estabilização da mesma; forma-se, assim, uma "barreira de velocidade" (OZOLIN). Notamos, então, que existe uma contradição entre esse conceito e o método descrito para o desenvolvimento da velocidade. De um lado, os exercícios devem ser repetidos várias vezes na maior rapidez possível, do outro lado, quanto mais vezes for repetido um movimento, mais rápido se chegará a um estereótipo dinâmico e a uma estabilidade da velocidade do movimento.

Temos que variar os meios para impedir a formação dessa "barreira de velocidade". Com os iniciantes, isso é conseguido com um treino multilateral, tendo-se bons resultados em provas de velocidade pela transferência da velocidade, principalmente quando se usar exercícios de força rápida (potência).

Outra possibilidade de impedir o estereótipo é o emprego de exercícios de formas e situações variadas, e nunca de maneira padronizada. Em atletas

Teoria e prática do TREINAMENTO ESPORTIVO

de grande categoria, há uma tendência de se diminuir o treino específico de velocidade, e aumentar a parte de treinamento de força rápida e dos exercícios especiais.

A parte principal do treino é dedicado à força rápida (principalmente força de salto), às corridas de tempo (resistência anaeróbica) e à coordenação dos movimentos (técnica).

A PROBLEMÁTICA DO TREINO DE FORÇA PARA A MELHORA DA VELOCIDADE

Esse tema foi apresentado no II Estágio de Aperfeiçoamento Técnico Desportivo por MANFRED LETZELTER na Universidade de Mainz, Alemanha Ocidental. Segundo ele, esse é o problema central do treino do velocista, pois existe uma grande divergência entre os treinadores quanto ao método do treino de força que se deve aplicar. Parece-nos que, na realidade, a divergência maior é quanto à conceituação da terminologia esportiva e não na forma de treinamento. A opinião unânime é de que há necessidade de se fazer treino de força, mas qual tipo de força? *Máxima* ou *rápida?* Com a finalidade de esclarecer o problema, foram realizados três métodos de investigação. O primeiro método consistia na análise de documentos, ou seja, observação da literatura existente, e pesquisas dos métodos de treinos de técnicos famosos, como exemplo, os técnicos pesquisados: MAIGROT (França); POTROVISKI (Polônia); SUMSER e STEINBACH (Alemanha Ocidental); BUD WINTER (EUA) PETROVISKI (ex-URSS). Nenhum deles aplicava treinos de força máxima em seus atletas, porém, muitos deles preferiam não usar o halteres para treino de força de seus velocistas, usando somente cargas fixas, como saco de areia, colete. Esse era o caso típico de PETROVISKI da União Soviética, treinador de VALERY BORSOV.

O segundo método de pesquisa foi uma entrevista com 30 atletas velocistas, cujo tempo nos 100 m rasos variavam de 10,0 a 10,5 s, portanto todos de nível mundial. Desses 30 atletas apenas 4 realizavam treino de força máxima; os outros 26 realizavam trabalho de força com 50-60% de sua capacidade máxima. O terceiro método constitui na verificação da força máxima em um aparelho de força e do tempo de corrida em 60 m rasos. Examinaram-se 58 atletas velocistas (de 10,0 a 14,0 s) que foram divididos em 3 grupos:

G_1 = 1-19 (mais velozes)

G_2 = 20-39 (médios)

G_3 = 40-58 (menos velozes)

Tempo de corrida nos 60 metros rasos

G₁ = de 6,75-7,18 s   X = 6,97 s
G₂ = de 7,23-7,57 s   X = 7,40 s   diferença de 0,43 s
G₃ = de 7,60-8,27 s   X = 7,87 s   diferença de 0,47 s

Força máxima

G₁ = de 129,5 -230,0 kp   X = 183,0 kp
G₂ = de 115,0 -236,0 kp   X = 173,4 kp   diferença de 10 kp
G₃ = de 84,5 -220,0 kp   X = 157,4 kp   diferença de 16 kp

No G₃ (menos velozes) havia atletas com força máxima maior do que o G₁ e o G₂. As diferenças entre os grupos não são significantes.

Analisou-se o coeficiente de variação para verificar se os grupos eram homogêneos ou heterogêneos. O tempo nos 60 m rasos apresenta um coeficiente de variação de 5,4% e, na força máxima, esse coeficiente é de 19,2%. Portanto, o grupo varia muito mais na força máxima que no tempo nos 60 m rasos, logo não há relação íntima entre a força máxima e a velocidade da corrida.

Fazendo uma análise de correlação entre a força máxima e o tempo nos 60 m rasos no grupo 3, encontrou-se um coeficiente de correlação r = 0,34. Esse valor é pouco significante e representa apenas 9,4%, isso quer dizer que, da diferença entre os grupos, apenas 9,4% depende da força máxima. No G₁ o coeficiente de correlação foi de 0,09, que é insignificante. Conclui-se com isso, que os melhores não se diferenciam dos piores pela força máxima. WERCHOSHANSKI testou o tempo necessário para alcançar a força máxima.

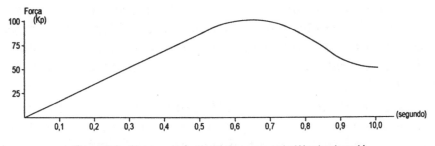

Figura 8.3 - Alcance da força máxima, segundo Werchoshanski

Segundo o autor, a força máxima é alcançada por volta de 5 -7 décimos de segundo. Como no *sprint*, antecede um tempo de apoio de apenas 0,1 s (um décimo de segundo), não se tendo oportunidade de liberar toda a força

Teoria e prática do TREINAMENTO ESPORTIVO

máxima durante a corrida. Então, o ideal seria saber quanta força um velocista aplica em 0,1 s. No grupo pesquisado o resultado foi:

$G_1 = 76,9$ kp
$G_2 = 44,0$ kp
$G_3 = 38,9$ kp

diferença 32,9 kp
diferença 5,1 kp

A diferença entre o G_1 e o G_2 é bastante significante.

Com esses resultados conclui-se que os bons velocistas conseguem aplicar mais força em menos tempo que os velocistas piores. STEINBACH chama esse processo de sincronização, que é a capacidade de contrair (inervar) muitas fibras musculares num tempo muito pequeno.

Foi depois comprovado por GROH, do Departamento de Biomecânica de Colônia que, utilizando um minúsculo dinamômetro na sola do sapato, constatou que os velocistas melhores aplicavam mais força em cada apoio da passada do que os velocistas mais fracos. Provou-se, então, que a força rápida (potência) é de maior utilidade ao velocista. Dentro da força rápida verificou-se, ainda, que as variantes força de salto e força de *sprint* são as de maior importância.

Força de salto horizontal e tempo nos 60 metros rasos

Utilizou-se o teste dos 6 saltos horizontais de um pé para outro:

$(D - E -- D - E - D - E)$
$G_1 =$ de 15,45 -18,45 m $X = 16,96$ m
$G_2 =$ de 13,80 -18,70 m $X = 16,36$ m
$G_3 =$ de 14,30 -16,40 m $X = 15,28$ m

diferença 0, 60 m
diferença 1,08 m

Nota-se que as diferenças são bem maiores entre o G_2 e o G_3 do que entre o G_1 e o G_2. Então, para velocistas fracos (iniciantes), a força de salto horizontal é mais importante do que para velocistas melhores. O coeficiente de correlação entre o tempo nos 60 m e a força de salto horizontal foi de 0,64.

Verifica-se, portanto, que a força de salto horizontal é uma característica relevante do rendimento, logo uma melhora da força de salto horizontal leva a uma melhora de rendimento *do sprint*. O coeficiente de determinação $r^2 = 0,409$ indica que 40,9% das diferenças no tempo dos 60 m rasos depende da força de salto horizontal. O coeficiente de regressão $b = 0,23$ indica que, se melhorar 1 m a mais nos saltos horizontais, será 0,23 s mais rápido nos 60 m rasos.

Velocidade motora

Força de salto vertical e tempo nos 60 metros rasos

Utilizou-se o teste de impulsão vertical *(Sargent jump test)* com o aparelho de força de salto e encontrou-se os seguintes resultados:

G_1 = 54 - 78 cm   X = 69,3 cm — diferença 6,7 cm

G_2 = 51 - 72 cm   X = 62,6 cm

G_3 = 51 - 74 cm   X = 60,9 cm — diferença 1,7 cm

Como se observa, a diferença entre G_1 e o G_2 é maior do que a diferença do G_2 e o G_3. É uma situação o contrário da força de salto horizontal.

Encontrou-se um coeficiente de correlação entre o tempo nos 60 m rasos e a força de salto vertical de -0,50. Concluiu-se que 25% da diferença entre os grupos no tempo dos 60 m rasos depende da força de salto vertical pelo coeficiente de determinação (r^2 = 0,25).

Uma comparação entre os dois tipos de força de salto, horizontal e vertical, permite concluir que a primeira tem muito mais importância para o velocista do que a segunda.

Força de *sprint* e tempo nos 60 metros rasos

Para verificar esse parâmetro, utilizou-se uma cronometragem em 10 m de corrida, saindo dos tacos. Infelizmente não possuímos todos os dados, apenas as conclusões finais:

G_1 = 1,54 - 1,86 s   X = 1,73 s — 0,90 s

G_2 = 1,67 - 1,98 s   X = 1,82 s

G_3 = 1,75 - 2,06 s   X = 1,90 s — 0,18 s

Os dados comparativos encontrados entre os grupos são assegurados em estatística de correlação. O coeficiente de correlação entre o tempo nos 10 m (força de *sprint) e* o tempo nos 60 m rasos importa em r = 0,75. Quer dizer que os velocistas mais rápidos apresentam um tempo de saída melhor. Usando-se o coeficiente de determinação (r^2), achou-se que 56% das diferenças no tempo dos 60 m rasos devem-se ao tempo em 10 m. Calculando-se o coeficiente de regressão, encontrou-se b = 2,4, isto é, se melhorar 0,1 s no tempo de 10 metros, consegue-se 0,24 s no tempo total dos 60 m.

Essa mesma pesquisa foi realizada em velocistas moças, para verificar se os resultados eram idênticos aos velocistas homens.

Foram testadas 50 velocistas moças.

Tempo nos 60 metros rasos:

G_1 = X = 7,71 s — diferença 1,24 s
G_2 = X = 8,95 s — diferença 1,12 s
G_3 = X = 10,07 s

Força máxima e tempo nos 60 metros rasos em moças

G_1 = de 94 -178 kp — X = 126 kp — diferença 6 kp
G_2 = de 75 -176 kp — X = 120 kp — diferença 20 kp
G_3 = de 56 -133 kp — X = 100 kp

A diferença entre o G_1 e o G_2 é insignificante, porém, entre o G_2 e o G_3 a diferença é significativa. Coeficiente de correlação T_{60}/FM = 0,40, coeficiente de determinação r^2 = 0,16. Quer dizer, 16% da diferença do tempo nos 60 m rasos depende da força máxima.

Força de salto horizontal e tempo nos 60 metros rasos em moças

G_1 = de 13,90 -16,30 m — X = 14,84 m — diferença 2,22 m
G_2 = de 11,65 -14,70 m — X = 12 62 m — diferença 1,25 m
G_3 = de 9,45 -13,80 m — X = 11,37 m

As diferenças são significantes. Podemos, então, concluir que as melhores velocistas são melhores nos saltos horizontais. Coeficiente de correlação T_{60}/FSH = 0,81. Isso corresponde a 66%, quer dizer, da diferença no tempo dos 60 m rasos, 66% depende da força de salto horizontal. Calculou-se, ainda, o coeficiente de regressão para saber quanto o fator força de salto horizontal influenciaria o tempo nos 60 m rasos e encontrou-se um valor de -0,055. Isso quer dizer que uma melhora de 1 m nos saltos horizontais corresponderia a 55 centésimos de segundos a menos no tempo dos 60 m.

Força de salto vertical e tempo nos 60 metros rasos em moças

G_1 = 48 -70 cm — X = 57,7 cm — diferença 8,8 em
G_2 = 42 -58 cm — X = 48,9 cm — diferença 4,9 em
G_3 = 33 -55 cm — X = 44,0 cm

As diferenças entre os grupos são significantes e pode-se dizer que moças com maior força de salto vertical são mais velozes. Coeficiente de correlação = -0,77; coeficiente de determinação r^2 = 0,59. Podemos então

Velocidade motora

dizer que, na diferença da velocidade entre os grupos, 59% depende da força de salto vertical.

CONCLUSÕES

Os resultados das pesquisas apresentadas mostram que existe um estreito entrelaçamento do rendimento da corrida com várias características da força, especialmente com a força de _sprint_, força de salto horizontal e força de salto vertical.

Podemos interpretar os resultados dessas pesquisas como "caminhos" para o treinamento. Vimos, então, que determinados exercícios são mais eficientes para o treinamento, como por exemplo os saltos horizontais de todas as formas e a capacidade de aceleração na saída (força de _sprint_). Contudo, outros autores não encontraram resultados semelhantes em outros grupos, o que nos leva a concluir que só podemos acreditar nos resultados apresentados com "ressalvas" , pois o grupo pesquisado possui características próprias que outros grupos podem não possuir.

O resultado final em qualquer prova depende de uma variedade de qualidades físicas e, muitas vezes, algumas delas podem ser tão relevantes que, praticamente, compensam outras deficientes.

Capítulo 9

FORÇA MOTORA

CONSIDERAÇÕES GERAIS

A força é uma característica neuromuscular com importância determinante no rendimento de vários esportes, onde o esportista necessita pôr o seu corpo em movimento quando parado, pará-lo quando se encontra em movimento, acelerá-lo quando as atividades exigirem, desviar a sua trajetória, mudar de direção, saltar, lançar um objeto, etc.

Nos últimos anos, todos os recordes das "provas de força" foram superados, graças aos novos métodos de treinamento, que foram auxiliados pelas inovações nos aparelhos de treinamento da força.

Hoje em dia se reconhece a importância de manter e/ou desenvolver a força não só para os esportistas, mas para todas as pessoas durante toda a vida útil. Sabe-se que as pessoas entre 20 e 70 anos de idade, que ficam sedentárias ao reduzir drasticamente a quantidade de movimentos corporais, neste período perdem entre 30 e 40% de sua massa muscular esquelética, e conseqüentemente sua força.

DEFINIÇÃO DE FORÇA

O termo força é bastante ambíguo. Em vários dicionários a palavra é definida como "saúde física", "robustez", "vigor", termos que não expressam de forma clara sua manifestação nos esportes e nas atividades físicas. Na verdade, força é bastante difícil de definir, pois ela aparece referenciada a várias áreas científicas e com conceituações diferentes em cada área.

Sob o ponto de vista da Física, mais especificamente da Mecânica, a força é uma entidade abstrata que é traduzida por um número, mais precisamente, é igual ao produto da massa pela aceleração $F = m \cdot a$. Ela é portanto uma quantidade vetorial que é medida em newtons. Como grandeza física a força é a causa do movimento. Se aplicada a um corpo movendo-se livremente, este sofrerá uma aceleração ou uma desaceleração (ação dinâmica). Se aplicada a um corpo fixo, não provocará movimento ou deformação (ação estática).

No Esporte e na Atividade Física, a força motora manifesta-se no aparelho locomotor, dependendo do sistema nervoso que o dirige, do sistema ósseo que o sustenta e dos sistemas cardiovascular e respiratório que transportam os nutrientes necessários para o desenvolvimento de sua tarefa.

Portanto, do ponto de vista prático, a força motora é a capacidade do sistema neuromuscular de vencer resistências (oposições), como por exemplo o peso do próprio corpo, um peso, um objeto, etc. MOREHOUSE (1967) definiu a força motora como "a capacidade de exercer tensão contra uma resistência. Essa capacidade depende essencialmente da potência contrátil do tecido muscular". MEUSEL (1969) apresentou uma conceituação bastante clara e objetiva: "é uma característica humana, com a qual move-se uma massa (seu próprio corpo ou um implemento esportivo), sua capacidade em dominar ou reagir a uma resistência pela ação muscular".

No movimento humano podemos distinguir uma FORÇA INTERNA, produzida pelos músculos, tendões e ligamentos; e uma FORÇA EXTERNA, que age externamente ao corpo humano (como a gravidade, o atrito, a oposição de um adversário).

Na teoria do treinamento, o conceito de força parte da capacidade de superar ou de opor-se a uma resistência. Isso só é possível se transferirmos a força interna sobre o aparelho locomotor passivo (ossos). Como essa ação não é comparável à ação física, na teoria do treinamento usa-se o conceito de CAPACIDADE DE FORÇA. ZACIORSKI (1974) diz que a força motora pode ser entendida como "a capacidade de vencer resistências externas ou contrariá-las por meio de uma ação muscular".

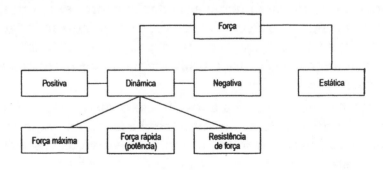

Figura 9.1 - Formas de manifestações da força do ponto de vista fisiológico

No movimento humano a capacidade de força se exprime de modo muito diferenciado, e é sempre interligada com outras capacidades motoras.

Teoria e prática do TREINAMENTO ESPORTIVO

A força pode se manifestar de duas formas básicas: *dinâmica* e *estática*.

Força dinâmica é quando existe um encurtamento das fibras musculares, provocando uma aproximação ou afastamento dos segmentos ou partes musculares próximas, portanto há movimento. Esse tipo de trabalho muscular é chamado *isotônico* (iso = igual, tono = tônus), quer dizer, não há mudança do tônus muscular. Na força dinâmica prevalece a força interna, ou a força externa.

Força estática é aquela em que não existe encurtamento das fibras musculares, portanto não há movimento. Há, porém, um aumento do tônus muscular, provocando um aumento da tensão muscular. Esse trabalho se chama *isométrico* (iso = igual, metria = medida). Na força estática há um equilíbrio entre a força interna e a força externa.

A força dinâmica pode ser *positiva* ou *negativa*:

Força dinâmica positiva é aquela em que se verifica uma superação da resistência (peso); a força muscular exercida é maior que a resistência oferecida. Esse tipo de força é também *chamada força concêntrica*. Aqui prevalece a força interna.

Força dinâmica negativa existe quando a resistência (peso) é maior que a força muscular, provocando, então, um movimento de recuo. E também conhecido como *força excêntrica*, por exemplo, no salto triplo quando o pé toca o solo no primeiro salto (força dinâmica negativa) e imediatamente quando se impulsiona para o segundo salto (força dinâmica positiva). Nesse caso prevalece a força externa.

Na força concêntrica ocorre um encurtamento das fibras musculares. Ela é maior no início do movimento em relação a força excêntrica, mas esta vai aumentando, enquanto a concêntrica vai diminuindo ao longo da aceleração do movimento. A força excêntrica produz mais tensão muscular, enquanto que a força concêntrica é utilizada na maior parte dos movimentos esportivos.

No século XX, por volta dos anos 30, ele começa a ser encarado com alguma base científica, apesar de ainda ser baseado em experiências pessoais. As bases do *Interval-training* foram desenvolvidas nessa época, para ser estudado e aplicado largamente a partir dos anos 50.

Precisamente nessa década, MATVEIEV, da ex-União Soviética, desenvolveu uma estrutura completa de treinamento durante todo o ano. Baseado em estatísticas dos melhores atletas soviéticos de vários esportes, ele formou as bases da moderna ciência do treinamento. Sua obra contribuiu para que vários esportes começassem a se sistematizar, planificar e conduzir o treinamento esportivo.

Força motora

Apesar de já haver críticos ao trabalho original de MATVEIEV, suas leis fundamentais e os princípios da organização do treino não perderam seu significado e continuam válidos até hoje.

Os movimentos esportivos se caracterizam pela combinação das forças internas e externas, sendo, então, um trabalho *auxotônico* (auxo = aumento, tônico = tônus).

A terminologia esportiva diferencia três tipos de força dinâmica: *força máxima, força rápida (potência)* e *resistência de força*.

Força Máxima: de acordo com NETT (1970), "é a maior força muscular possível que um atleta pode desenvolver, independente de seu peso corporal". Achamos conveniente acrescentar a essa definição "e independente do tempo que se emprega para realizar esse trabalho". Esse rendimento se mede pela quantidade de quilos que uma pessoa é capaz de deslocar.

Força Rápida (explosiva): também conhecida como *Potência*. "É toda forma de força que se torna atuante no menor tempo possível (MEUSEL). Nota-se, então, que nesse tipo de força entra em jogo o fator tempo, que deve ser o menor possível, então faz-se presente a velocidade ($P = F \times V$ potência = força × velocidade).

Esse tipo de força é a que se faz presente na grande maioria dos esportes, onde os movimentos rápidos representam um fator para o rendimento.

LETZELTER define a força rápida como "a capacidade de superar uma resistência de maneira veloz".

Resistência de Força: para STUBLER "é a capacidade de resistência dos músculos ou grupos musculares contra o cansaço com repetidas contrações dos músculos, quer dizer, com trabalho de duração da força". É também chamada de resistência muscular. Ela forma a base para o desenvolvimento da força rápida e da força máxima.

A resistência de força pode ser: *aeróbica e anaeróbica*.

Resistência de Força Aeróbica, é a capacidade dos músculos de resistir à fadiga na presença de suficiente provisão de oxigênio. Por exemplo, nas corridas de longas distâncias.

Resistência de Força Anaeróbica é a capacidade dos músculos de resistir à fadiga na ausência de uma adequada provisão de oxigênio (com grande débito de oxigênio). Por exemplo, nas corridas de 400 e 800 m.

CARACTERÍSTICAS FISIOLÓGICAS

A força de um músculo está em relação direta com a área de sua secção transversal, portanto quanto maior a sua secção transversal, maior será

Teoria e prática do TREINAMENTO ESPORTIVO

a capacidade do músculo para mover uma determinada carga. Segundo NÖCKER (1964) 1 cm^2 de músculo pode levantar 6 a 10 kg, sem considerar o estado de treinamento.

Deve-se considerar também a influência do sistema nervoso central. A força da fibra muscular depende da inervação que recebe, quer dizer, da quantidade de estímulos que lhe traz o nervo motor na unidade de tempo. Por isso, dois músculos do mesmo tamanho não são capazes de realizar a mesma força. Outra comprovação da influência do sistema nervoso é o de alguns indivíduos, com aparência franzina, sob certos aspectos emocionais realizarem grande trabalho de força.

HOLLMANN e HETTINGER (1989) estudaram profundamente as características fisiológicas de força em suas divisões e apresentam, a seguir, os fatores de que depende a força.

Força Máxima: tamanho do corte transversal das fibras em ação; número de fibras musculares ativadas; estrutura do músculo; coordenação neuromuscular e fatores psíquicos (motivação).

Força Rápida: tamanho do corte transversal; número de fibras musculares ativadas; estrutura do músculo; velocidade de contração da musculatura; coordenação neuromuscular. Além do mais, são importantes outros fatores para o desempenho da força rápida, isto é, o prévio alongamento muscular (um músculo alongado se contrai com maior velocidade); as realidades biomecânicas (ótimo aproveitamento das alavancas corporais); as condições psíquicas (descanso, animo, apresentação); a força relativa (força real despendida pelo peso corporal); o aquecimento (melhora o metabolismo muscular e eleva sua velocidade contrátil).

Resistência de Força: tamanho do corte transversal das fibras musculares; número de fibras musculares ativadas; estrutura do músculo; capilarização localizada e reservas alcalinas.

HETTINGER e STEINBACH montaram as chamadas "Zonas de Rendimento" para evidenciar a dependência da força dos fatores psíquicos. Segundo eles, o homem tem à sua disposição cerca de 75% da capacidade de rendimento, a isso denomina-se limiar da mobilização. Os 25% restantes só podem ser mobilizados com solicitações psíquicas fortíssimas, como o medo da morte, ameaças, raiva e *doping*.

Esses conhecimentos possibilitaram pesquisas em várias áreas, com conclusões bastante significativas na aplicação de treinamento da força. Vamos fazer, a seguir, considerações de algumas delas.

HETTINGER observou que a força se desenvolve paralelamente no menino até os 10-11 anos de idade, independente do treinamento, apenas com o crescimento.

Força motora

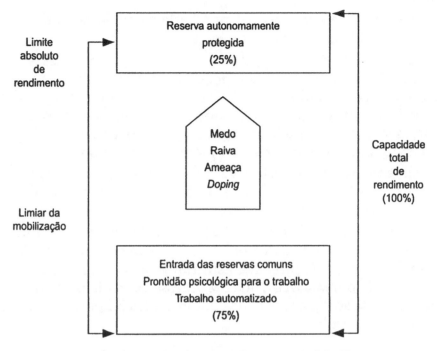

Figura 9.2 - Zonas de rendimento (Hettinger e Steinbach)

A partir dessa idade, as diferenças são notórias. Nos homens ela continua se desenvolvendo até os 19 anos aproximadamente, enquanto que nas mulheres esse desenvolvimento em função do crescimento interrompe-se aos 17-18 anos. HETTINGER concluiu ainda que os maiores aumentos de força se verifica entre os 14 e 18 anos, num percentual de 30%. A força atinge seu máximo entre os 20-30 anos.

A capacidade do sistema muscular de aumentar seu rendimento como conseqüência do treinamento é bastante grande. Segundo autores russos, ela pode ser desenvolvida cerca de 150-200% de seu nível inicial. Essa capacidade de desenvolvimento da força é maior nos homens do que nas mulheres. Experiências diversas comprovaram que nos homens a força aumenta 5 vezes entre os 6 e 25 anos, enquanto que nas mulheres ela aumenta somente 3 vezes. Outra característica interessante é que o desenvolvimento da força mostra grande semelhança com as curvas do desenvolvimento sexual, e os maiores aumentos desta coincide com a época da puberdade. Isso nos leva a supor que o aumento da força depende dos hormônios sexuais, fato este atualmente comprovado com o uso dos esteróides anabólicos (testosterona), onde se verifica um grande aumento da força muscular.

Pode se estabelecer, então, que o treinamento da força depende da maturação sexual e não da idade, sendo a puberdade a época ideal para se

Teoria e prática do TREINAMENTO ESPORTIVO

aumentar a força, e o período posterior a esta como ótimo para determinar uma intensificação nos trabalhos de força.

Outra afirmação dos fisiologistas é a de que os jovens antes de entrar na puberdade não estão em boas condições de realizar trabalhos musculares estáticos, por isso, quando se escolher os exercícios ou atividades, deve-se evitar realizar aqueles que contenham trabalho muscular estático. Esses exercícios são para crianças; esforços exagerados levando a um cansaço geral constitui um empecilho para a aprendizagem senso motriz.

Atualmente, são feitas outras verificações fisiológicas pelo uso da *eletromiografia* (EMG), que analisa os fenômenos bioelétricos que ocorrem dentro dos músculos em movimento.

O desenvolvimento da força está ainda relacionada com algumas modificações bioquímicas dentro dos músculos. O aumento de força leva a um considerável aumento de proteínas estruturais no tecido muscular, fenômeno este explicado por JAKOVLEV, que diz ser esse aumento uma conseqüência da super compensação das proteínas durante a decomposição que acompanha o trabalho muscular.

FATORES DIVERSOS QUE INFLUENCIAM NA FORÇA

IKAI e STEINHAUS demonstraram que a força é bastante influenciada pela hipnose.

Em suas pesquisas, concluíram que, durante a hipnose, a força aumentava 10% em indivíduos treinados e 30% em indivíduos destreinados.

TUTTLE investigou a força muscular e o aquecimento, concluindo que esta melhorava cerca de 19% quando havia um aquecimento prévio.

GAN, KRAKOVIAK, KRISTOVNIKOV e outros observaram uma redução de força muscular depois de um trabalho prolongado, quer dizer, de resistência. Outras pesquisas de KRUJKOV e EGOLINSKY confirmaram essas afirmações ao examinarem 210 desportistas, para verificar o comportamento da força depois de um trabalho de resistência.

Os dados obtidos demonstraram que, na maioria, a força decaía quanto mais prolongava-se a duração do trabalho de resistência. KOROBOV também encontrou uma diminuição na força de salto vertical, após a realização de um trabalho de resistência.

Outra pesquisa bem interessante é a de VASILEV, que verificou as modificações da força dentro de um dia (24 horas), concluindo que, ao despertar, a força vai aumentando, paulatinamente, para alcançar seu máximo depois de 3 a 5 horas, para posteriormente sofrer pequena redução pela tarde, aumentando-se novamente no final da tarde, caindo significativamente entre as 2 e 4 horas da manhã.

Dados semelhantes foram obtidos por GRAFF, BERNIER e SVENSSON.

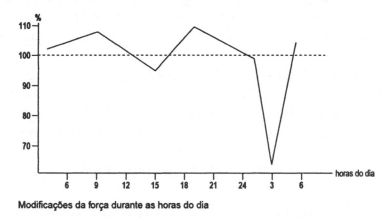

Modificações da força durante as horas do dia

Figura 9.3 - Modificação da força durante as horas do dia

A força sofre também influência da luz solar, especialmente dos raios ultravioletas. A essa conclusão chegaram KILCZEVSKI, BOGUCKI, VOROBJEV, PARADE, OTTO, HETTINGER e MULLER.

Esses dois últimos comprovaram que a rapidez de aumento da força é o dobro quando se treina junto com as irradiações ultravioletas, do que o treinamento sem as mesmas.

Muitas discussões se tem tido, atualmente, acerca da influência dos esteróides anabólicos na força. Os esteróides anabólicos são compostos químicos sintéticos, com estrutura química dos hormônios sexuais masculinos, especialmente a testosterona.

A testosterona além de suas funções normais, influi nos processos de biossíntese das proteínas e contribui para freiar a sua decomposição, segundo DANYSZ e PANEK.

Com isso, o uso de anabolizantes provoca um aumento do peso corporal e conseqüentemente, com o treinamento, o aumento da força. Esse fato foi comprovado por diversos autores, no entanto, outros investigadores concluíram que essa hipótese de aumento da força não era real (POVLER, GARDNER, EGSTROM).

Concluímos, então, que as afirmações sobre os anabolizantes até agora são paradoxais. O fato é que o meio esportivo mundial viu os resultados crescerem nas provas, onde a força tem papel principal, obrigando as autoridades médicas esportivas a considerarem os anabolizantes como *doping*, e hoje nenhum atleta pode participar de uma competição oficial sem ser submetido a exame para detectar esteróides.

Os especialistas advertem quanto ao uso dos anabolizantes, o perigo de perturbações do equilíbrio hormonal, que pode trazer conseqüências nefastas. Até agora as futuras possíveis conseqüências estão só em premissas, contudo seu uso não é aconselhado até que se tenha mais estudos sobre seu uso.

Com relação à validade do trabalho dinâmico e estático, vários autores chegaram a conclusões bastante parecidas após suas pesquisas. BERGER concluiu que a força isométrica aumentava mais rapidamente quando se tinham exercícios estáticos do que exercícios dinâmicos. O mesmo ocorria com a força dinâmica. Ela aumentava mais rapidamente quando se aplicava exercícios de caráter dinâmico do que quando se empregava exercícios estáticos.

KUZNIECOV investigou as atividades elétricas dos músculos e concluiu que o trabalho dinâmico é mais eficaz porque é um estimulante de profundas solicitações do sistema nervoso (coordenação).

Segundo ele, as tensões isométricas não produzem tais solicitações. Um trabalho dinâmico conduz a modificações bioquímicas mais significativas que um trabalho estático, afirma JAKOVLEV.

EXERCÍCIOS DE FORÇA

TONI NETT (1970) classifica os exercícios de força em: exercícios de força gerais e específicos.

Os exercícios de força gerais correspondem ao treinamento, generalizado. Anatomicamente, eles visam o desenvolvimento harmonioso de todo o organismo, com o aperfeiçoamento de suas estruturas e funções. Não possuem a estrutura ou a dinâmica da competição, pois o conjunto de movimentos nada tem a ver com a mesma. Podem ser executados sem carga adicional

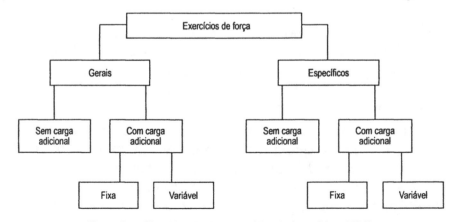

Figura 9.4 - Classificação dos exercícios de força (Nett, 1970)

isto é, utilizando apenas o peso do próprio corpo. Por exemplo, canguru, abdominal, mata-borrão, flexão de braços, etc.

Os exercícios gerais também podem ser executados com carga adicional, quando se acrescenta uma sobrecarga externa que pode ser fixa ou variável.

Nos exercícios com carga adicional fixa são usados implementos que não se pode mudar a carga, como um saco de areia, medicinebol, colete, etc. Nos exercícios com carga adicional variável usam-se implementos que podem variar a carga como no halteres de disco, máquina de força, etc.

Exemplo de exercícios gerais com carga fixa: canguru com colete; lançamentos diversos com medicinebol, etc.

Figura 9.5 - Exemplos de exercícios gerais de força, sem carga adicional

Figura 9.6 - Exemplo de exercícios gerais com carga adicional física

Exemplo de exercícios gerais com carga variável: arranco com halteres de disco; arremesso; supino; agachamento, etc.

Teoria e prática do TREINAMENTO ESPORTIVO

Figura 9.7 - Exemplo de exercícios gerais com carga adicional variável

Os exercícios específicos desenvolvem a força dos músculos que entram especificamente na disciplina esportiva praticada. Correspondem ao treinamento específico, possuindo a estrutura ou a dinâmica da competição.

Os exercícios específicos também podem ser realizados sem carga adicional e com carga adicional fixa e variável.

Força motora

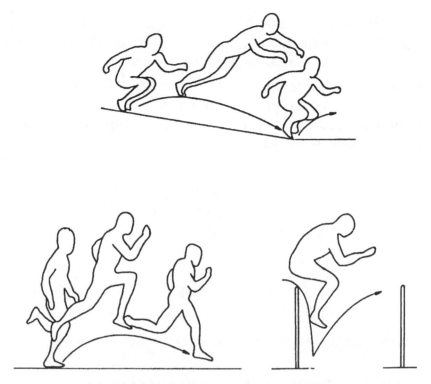

Figura 9.8 - Exemplo de exercícios específicos, sem carga adicional

Exemplo de exercícios específicos sem carga adicional: saltos horizontais alternando as pernas; saltos verticais (específicos de saltos).

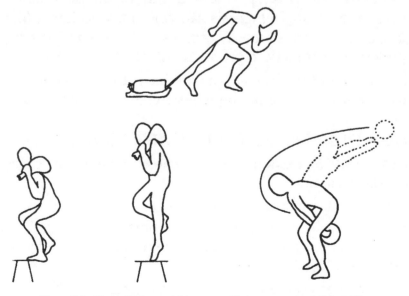

Figura 9.9 - Exemplo de exercícios específicos, com carga adicional fixa

Exemplo de exercícios específicos com carga adicional fixa: corrida com tração (específico de velocidade), saltos horizontais alternando as pernas, com colete; lançamentos variados com medicinebol.

Exemplo de exercícios específicos com carga adicional variável: salto vertical com meia flexão das pernas com halteres de disco às costas, (específicos para voleibol); salto vertical tendo o pé de impulso sobre um banco com halteres de disco às costas.

Figura 9.10 - Exemplo de exercícios específicos, com carga adicional variável

Determinados exercícios podem servir a vários esportes, a várias disciplinas, dependendo de como são realizados.

Certos exercícios podem ser de formação geral para um determinado esporte e específico para outro. O certo é que os exercícios gerais constituem uma base para os exercícios específicos. Dentro de um planejamento anual de treinamento, os exercícios gerais são colocados no início (período de preparação), e os exercícios específicos mais no fim do período de preparação e no período de competição propriamente dito.

Deve sempre haver uma relação ótima entre os exercícios gerais e específicos para se conseguir um bom desenvolvimento da força.

MÉTODOS E MEIOS DE TREINAMENTO DA FORÇA

Segundo ZENON (1975), existem três caminhos fundamentais para o desenvolvimento da força:

a) aumento da massa muscular;

b) aperfeiçoamento dos processos que sincronizam a atividade das fibras musculares e as obrigam a mobilizar o maior número possível de unidades motoras;

c) aproveitamento da ação conjunta dos 2 primeiros caminhos.

Essa diferenciação é importante para compreender que um trabalho de força dirigido para a sincronização das tensões musculares não conduzem à hipertrofia dos músculos. Atualmente, se sabe que a hipertrofia é geralmente o resultado da intensificação dos processos energéticos em condições anaeróbicas.

Métodos da pirâmide

Esse método é utilizado para o treinamento da força máxima. Utiliza-se cargas de 80-100% do máximo; 1-5 repetições e pausas longas de descanso (3 a 4 min). Dentro desse método podemos usar também o *sistema de pirâmide*, que é uma forma progressiva de incrementar a carga. Só se inicia com cargas relativamente pequenas, até chegar ao limite do peso.

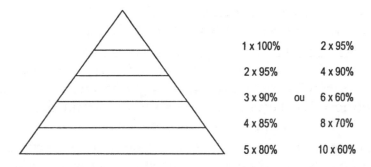

Pode-se acentuar a base ou a ponta da pirâmide fazendo mais séries ou aumentando o peso. Pode-se ainda fazer de uma forma crescente e decrescente.

No método das grandes sobrecargas usa-se ainda 3 × 5 × 80% ou 2 × 3 × 90% ou ainda, 3 × 8 × 80%, que é uma forma muito usada pelos arremessadores.

Método da potência

Utilizado para desenvolver a força rápida (potência). Nesse método, os exercícios são executados com velocidade (explosivos) e devem ser interrompidos quando não estiverem sendo feitos com velocidade. Usa-se carga de 40-70% do máximo, 6-10 repetições e pausas de descanso de 2-3 min. É uma forma bastante cansativa, por causa da velocidade, sendo muito utilizada pelos velocistas e saltadores.

Método da resistência de força

Objetiva a resistência muscular localizada. Utilizam-se pesos de 20-40% do máximo, 20-50 repetições com pausas de descanso de 1-1,30 min.

Teoria e prática do TREINAMENTO ESPORTIVO

É bastante empregado para os principiantes e para os atletas na fase de preparação. Pode ser feito em forma de circuito.

Treinamento em circuito

Idealizado pelos ingleses MORGAN e ADAMSON, esse treinamento objetiva uma totalidade funcional, especialmente muscular, melhorando as condições de resistência aeróbica anaeróbica e resistência de força muscular. Os exercícios são chamados *estações,* e são distribuídos em forma de círculo. Usam-se normalmente de 6 a 12 estações. Deve haver uma alternância das partes do corpo trabalhadas e os exercícios devem ser fáceis de se executar.

Ficam excluídos os exercícios de agilidade, flexibilidade, e os de alta coordenação. Há duas formas de executar um circuito:

Com *Tempo Fixo,* quando se dá tempo de execução em cada estação e um tempo de recuperação, por exemplo, 20" × 20"; 30" × 30"; 30" × 60" etc.; neste caso, o número de repetições varia de indivíduo para indivíduo.

Circuito com *Carga Fixa,* quando se tem como base um número fixo de repetições em cada estação e não há períodos de recuperação entre as mesmas; a recuperação, está entre as séries (passagens). Esse trabalho deve ser cronometrado e o executante deverá sempre tentar diminuir o tempo total do circuito (executar bem veloz os exercícios).

O treinamento em circuito é de grande valor para os iniciantes, pois visa uma preparação generalizada em vários aspectos; permite, ainda, que grande número de pessoas se exercitem ao mesmo tempo; possibilita a realização em qualquer local e não exige aparelhos sofisticados para a sua realização, podendo utilizar o peso do próprio corpo para diversos exercícios.

Método isométrico

Esse método começou a se desenvolver no campo esportivo por um americano, BOB HOFMANN. Nesse método a resistência é fixa e o indivíduo "faz força" (tensões) contra essa resistência. Essas tensões podem ser de máxima intensidade, com duração de 4-6 s e pausas de 60 s. As tensões devem ser feitas estando os segmentos em vários ângulos, na base de 2-3 repetições cada tensão.

Tal método pode ser utilizado para fortalecer certos pontos débeis da musculatura ou em desportistas que tiveram intervenções cirúrgicas. É discutida sua validade para os esportes em geral. Pelo método isométrico, só há ganhos de força na angulação que treina.

Método isocinético

É uma forma especial de trabalho dinâmico, em que não há aceleração do movimento; este é realizado sempre com a mesma velocidade. Em vista

Força motora

disso a tensão também é permanente. Nesse método pode-se trabalhar tanto a força concêntrica como a excêntrica.

Nesse tipo de trabalho utiliza-se aparelhos de força isocinéticos (Cybex-Exerciser, Nautilus). Segundo alguns entendidos, esse método é de grande aceitação para o treino da força, pois há possibilidade de se ter maior estímulo neuromuscular pelo maior tempo de duração do exercício, quer dizer, permite realizar maior esforço à medida que o movimento progride, desde o início até o fim.

VANTAGENS E DESVANTAGENS DOS MÉTODOS DE TREINAMENTO DINÂMICO E ESTÁTICO

Trabalho dinâmico – vantagens

1. Maior capilarização pelas mudanças entre tensões e descontrações.
2. Retardamento do cansaço pela interrupção contínua da inervação.
3. Possibilidade de melhorar a velocidade de contração e a coordenação dos movimentos.
4. Permite trabalhar com maior número de grupos musculares.
5. Pode-se mudar as alavancas e o peso.
6. Pode-se trabalhar em vários ângulos.
7. Maior duração do efeito do treinamento.

Desvantagens

1. Maior perigo de lesões, devido a erros de execução.
2. Necessidade de material específico e de instalações (sala de halteres, roldanas, aparelhos, etc.)

Trabalho estático – vantagens

1. Execução mais simples.
2. Menores possibilidades de lesões musculares.
3. Requisita pouco material e espaço.
4. Pode-se trabalhar em grupos musculares específicos.

Desvantagens

1. Diminuição da irrigação muscular por compressão dos capilares.
2. Aparecimento mais cedo do cansaço pela solicitação de maior tempo de inervação.
3. Não há possibilidade de melhorar a coordenação.
4. Não há melhora da velocidade de contração.

Teoria e prática do TREINAMENTO ESPORTIVO

5. Pequeno aumento do peso corporal devido ao trabalho ser bastante localizado.
6. Os ângulos e as alavancas são determinados.
7. Quase não há possibilidade de empregar força máxima, só em alguns ângulos.

A FORÇA NOS ESPORTES

Segundo STEINBACH as provas atléticas (*sprints*, saltos, lançamentos) apresentam o chamado "momento dinâmico", quer dizer, procura-se um desdobramento mais intensivo da força num curto espaço de tempo, de uma forma mais econômica possível. De acordo com NETT (1970) o *atletismo* "é formado de força rápida" (força explosiva).

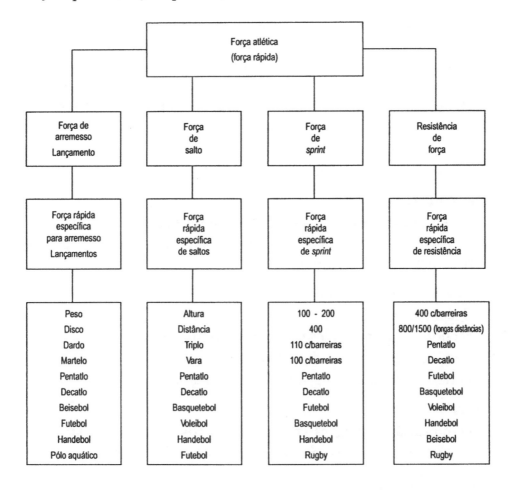

Figura 9.11 - Formas de força nos Esportes, (Grosser, 1972)

A força rápida externa-se especificamente em cada modalidade e, por isso, ela é bastante diferenciada quanto são diferenciados os pesos dos implementos competitivos e as diferentes técnicas.

Pelo fato dela se manifestar de diferentes formas, seu treino também deve ser diversificado segundo suas características.

Força de lançamento

Tem grande importância nos lançamentos e no arremesso do peso, além de contribuir na preparação geral do saltador e do velocista. Pode treinar a força de arremesso-lançamento utilizando exercícios de lançamentos com medicinebol, discos de halteres, peso, bolas, etc. executados de todas as formas.

Força de salto

É a capacidade de superar o peso do próprio corpo no intuito de conseguir maior altura ou distância. Com isso, podemos dizer também que "é a capacidade de superar a força de atração da terra, ou seja, a força da gravidade". Ela se compõe de outras três qualidades, que são a força propriamente dita, a velocidade e coordenação.

Não há nenhuma especialidade esportiva em que a força de salto não desempenhe papel relevante. No atletismo, ela tem significado especial, não só nas provas de saltos, mas nas demais disciplinas também. Os exercícios de força de salto localizam os grupos musculares das extremidades inferiores da cintura e do quadril.

O desenvolvimento dessa capacidade e a seleção de seus exercícios depende da especialidade esportiva prática.

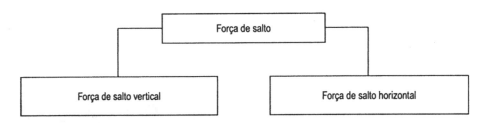

A força de salto em relação ao sentido pode ser *vertical e horizontal*. No atletismo, o tipo de salto depende da prova. Para os saltadores em extensão, triplo e velocistas, os saltos horizontais são de maior interesse, porém ao saltador de altura os saltos verticais têm maior importância. Aos atletas jovens e iniciantes devem ser dados saltos de todas as formas; mesmo os atletas especialistas, no seu período de preparação, devem realizar todos os tipos de saltos. Fisiologicamente, a força de salto é explicada pela combinação da força dinâmica positiva e da força dinâmica negativa.

Como treinar a força de salto. Essa capacidade pode ser desenvolvida através dos saltos que podem ser realizados nas formas apresentadas a seguir.

Saltos verticais

São saltos com diferentes impulsões, com ou sem corrida, procurando-se alcançar certa altura com alguma parte do corpo, ou seja, com a cabeça, a mão, o joelho, o pé, etc., e podem ser executados com uma ou duas pernas.

Saltos horizontais

Consiste numa sucessão de impulsos, de forma que imediatamente da aterrissagem do salto anterior se dê a impulsão para o posterior. Podem ser realizados com uma perna, com pernas alternadas e com ambas as pernas de uma vez. Nesses exercícios de multissaltos, é importante a aterrissagem sobre toda a planta do pé, sem o que não se atinge a perfeição do exercício.

Força motora

Devido à elevada carga que existe na articulação do tornozelo, joelho, quadril e coluna, esses exercícios de saltos devem realizar-se em terreno macio (grama, areia, colchões ou feltro). Os multissaltos, especialmente os que são realizados em uma perna só, não devem ser executados com a articulação do joelho bloqueada, ou seja, com a perna dura. O correto é manter as extremidades ligeiramente dobradas nos joelhos.

Saltos sobre aparelhos

São saltos verticais e horizontais realizados com a ajuda de aparelhos, como plintos, trampolins, banco sueco, caixas, barreiras, cordas, etc. Nos saltos horizontais utilizam-se os aparelhos para dar impulsão, nos saltos verticais salta-se por cima dos aparelhos. Os dois tipos são trabalhos de força dinâmica positiva e negativa combinados.

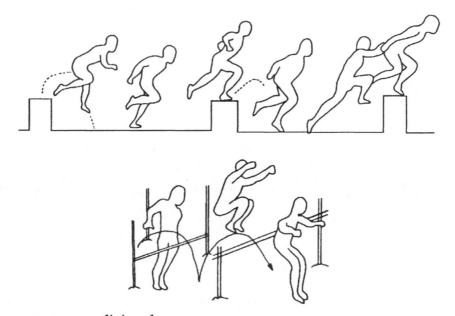

Saltos com carga adicional

São saltos verticais e horizontais utilizando carga adicional fixa ou variável, como o parceiro, saco de areia, colete, halteres, etc.

Força motora

Quantidade de saltos no treinamento

A quantidade de saltos que podem ser realizados em uma sessão de treinamento depende das possibilidades individuais dos atletas. Com relação aos saltos horizontais, sugere-se que no primeiro ano de treinamento sejam realizadas séries de 10 multissaltos no máximo; nos anos sucessivos, pode-se realizar 20-2,5 saltos em cada série. O volume de saltos é medido pelo número total das impulsões realizadas. Assim, sugere-se para o primeiro ano de treino cerca de 50 multissaltos em cada unidade de treinamento, no segundo ano 100 saltos, no terceiro ano 200 saltos e nos anos sucessivos 300-400 saltos em uma unidade de treinamento. As séries de multissaltos devem ser separadas por pausas de descanso suficientes.

Para as moças os saltos são mais reduzidos, tanto em volume como em intensidade, porém, quem quiser alcançar bons rendimentos não pode omiti-los do treinamento.

KUZNIECOV realizou interessante experiência para verificar a eficácia do trabalho de saltos. Reuniu um grupo de lançadores de dardos e durante um mês e meio, três vezes por semana, realizou exercícios de saltos em profundidade, de cima de uma elevação, para, em seguida, saltar verticalmente com grande intensidade (combinação de força dinâmica negativa e positiva).

Nesse período os atletas não empregaram nenhum outro trabalho de força, e cada um deles realizava de 280 a 300 saltos.

Foram aplicados testes antes e depois do experimento, cujos resultados aparecem na tabela.

NOME	AGACHAMENTO (kg)		SALTO VERTICAL (cm)		SALTO EM EXTENSÃO SEM CORRIDA (m)		SALTO TRIPLO SEM CORRIDA (m)	
	Antes	Depois	Antes	Depois	Antes	Depois	Antes	Depois
Lusis	175	175	84	93	3,05	3,30	9,30	10,07
Kuzniecow	115	120	68	77	2,80	3,05	8,72	9,20
Lysokoniew	175	175	67	76	2,67	2,88	8,34	8,86
Sablowski	160	160	75	86	2,91	3,15	8,71	9,45

Como se observa, os resultados dos testes de saltos melhoraram significativamente. Com isso, KUZNIECOV concluiu que a combinação de trabalho dinâmico positivo e negativo (saltos) contribui para incrementar, eficazmente, a força de saltos (força rápida).

Força de *sprint*

É a capacidade de aceleração do indivíduo. A força de *sprint* pode ser treinada de três formas:

Teoria e prática do TREINAMENTO ESPORTIVO

1. Com exercícios sem carga adicional, como saltos horizontais e verticais; corridas de *sprint* contra elevada resistência (parceiro, subidas morro acima, corridas em areia, corridas de tração).

2. Com exercícios com carga adicional fixa. Os exercícios são os mesmos já mencionados no 1.º item, porém com cargas adicionais, como parceiro, saco de areia, colete, etc.

3. Com exercícios com carga adicional variável. São exercícios com halteres de disco (treinamento de peso), por exemplo, agachamento, saltos verticais com halteres nas costas, subir em bancos com halteres nas costas, arranco, arremesso,. etc.

Resistência de força

Constitui a base para ótimos rendimentos nas provas onde a força tem papel atuante. Pode ser desenvolvida com os exercícios já citados, porém executados com grande número de repetições.

Exercícios pliométricos

A palavra "pliométricos" tem sido usada em vários países europeus especialmente na Alemanha e na Rússia, para descrever certos treinamentos com exercícios para relacionar a força pura com a força rápida (potência), produzindo movimentos "explosivos-reativos".

A palavra "pliométrico", segundo WILT (1974), é aparentemente derivada do grego: *plethyein*, que significa aumentar, plio = aumento, maior, mais; metria = medida. *Pliométrico é* a maior medida, maior trajetória e maior peso.

Pode-se interpretar os pliométricos como sendo exercícios usados para produzir uma sobrecarga de ação muscular do tipo isométrica, a qual envolve o reflexo de estiramento nos músculos. Sabe-se que tensões máximas são desenvolvidas pelos músculos quando estes são estirados rapidamente. Quanto mais um músculo for pré-estirado do seu tamanho natural, antes que ocorra a contração, maior será a carga que o músculo poderá vencer. É possível para um músculo exercer, aproximadamente, duas vezes mais tensão durante uma contração excêntrica do que durante um trabalho concêntrico, sem um trabalho excêntrico anterior. Contudo, para se obter um resultado ótimo de pré-estiramento de um trabalho excêntrico, deve-se seguir um trabalho concêntrico do mesmo músculo imediatamente.

Os efeitos de uma ação muscular excêntrica tem duração muito curta, quase sempre em frações de segundo. Resumindo, podemos dizer que um trabalho concêntrico de um músculo é muito mais forte se a ação muscular for realizada imediatamente após um trabalho excêntrico (pré-estiramento) do mesmo músculo.

Esse tipo de treinamento é importante para transformar a força pura em força rápida (potência). Muitos atletas têm grande força, mas não são capazes de realizar atividades explosivas como saltos ou lançamentos. Através dos exercícios pliométricos pode haver essa transformação necessária da força. A capacidade de produzir um trabalho concêntrico forte, utilizando um trabalho excêntrico prévio do músculo, refere-se ao conhecimento do reflexo miotático ou de estiramento.

O reflexo de estiramento especifica, simplesmente, que os músculos envolvidos em uma ação muscular particular obtêm uma contração maior ao se utilizar de uma prévia fase de amortecimento que envolva o estiramento (trabalho excêntrico) dos mesmos músculos. O músculo é alongado durante a fase excêntrica. Esse estiramento ocorre durante a fase de amortecimento, então um movimento corporal que requer uma alta velocidade final, como nos saltos e lançamentos, podem ser melhor conseguidos começando com um movimento na direção oposta. Fisiologicamente, sabemos que os músculos resistem a um "super" estiramento.

Se um músculo se distende, um receptor nervoso sensorial no músculo, denominado *fuso muscular*, é estimulado e transmite os impulsos através da fibra muscular nervosa sensorial para a medula espinhal. Essa fibra forma uma sinapse diretamente com um neurônio-motor no corno anterior da substância cinzenta da medula, e o neurônio-motor, por sua vez, transmite impulsos de retorno ao músculo, causando a contração muscular. Essa contração muscular opõe-se ao estiramento muscular, para impedir alterações súbitas no comprimento do músculo.

Essa reação do músculo ao estiramento é extremamente rápida, porque somente dois neurônios e uma sinapse são envolvidas. Isso é chamado reflexo miotático ou de estiramento.

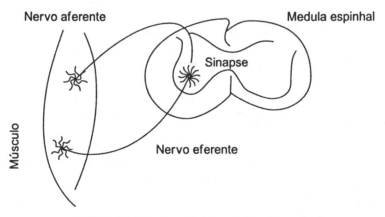

FIGURA 9.12 - Reflexo miotático ou de estiramento

Teoria e prática do TREINAMENTO ESPORTIVO

Ao selecionar os exercícios pliométricos com o objetivo de exercitar o aspecto excêntrico de uma ação muscular, devemos considerar os aspectos conforme segue:

1. A tensão máxima de um músculo é desenvolvida quando o mesmo músculo é estirado rapidamente.

2. Quanto mais rápido o músculo é forçado a estirar, maior é a tensão que ele exerce.

3. Deve-se utilizar o princípio da sobrecarga, o qual especifica que o aumento da força resulta somente de um trabalho com intensidade maior do que se está acostumado.

Esses estudos têm sido feitos por cientistas russos e estão em evidência nos treinamentos dos velocistas e saltadores.

Exemplos de exercícios pliométricos são os saltos horizontais e verticais.

Os saltos horizontais devem ser realizados em distâncias de 30 a 100 m. Os saltos sobre barreiras e sobre caixas também são exemplos típicos de exercícios pliométricos.

TREINAMENTO DE FORÇA PARA MULHERES

Sempre existiu e entre nós continua existindo controvérsia sobre o trabalho de força para mulheres. Nos países onde o Esporte está num nível mais elevado, essa polêmica já foi resolvida de maneira absoluta: se a prova (ou esporte) escolhido requer força, as mulheres deverão realizar seu treinamento sem deixar de lado esse importante fator.

O maior inconveniente encontrado para esse tipo de trabalho é o fator estético. Muitas mulheres repelem esse tipo de treino pelo medo de desenvolver excessivamente o sistema muscular, em detrimento da forma feminina. Nesse caso, podem ser usados outros métodos de treinos de força, outros tipos de sobrecargas.

Na realidade, uma mulher nunca vai conseguir desenvolver a força como um homem, haja visto que ela somente possui por volta de 20-23 kg de musculatura, enquanto que o homem tem cerca de 30-35 kg. Segundo HETTINGER, a treinabilidade da força na mulher é cerca de 50-60% em relação ao homem.

Nos homens a força aumenta na base de 5,8% por semana e nas mulheres aumenta somente 3,9%. Qualitativamente ela possui menos força por cm2 de secção transversal da musculatura (20-25% menos).

A dosagem de trabalho deve ser realizada cuidadosamente quando se tratar de pesos para mulheres. Inicialmente, deve-se fortalecer a musculatura das costas e abdômen com sobrecargas pequenas (medicinebol, saco de areia, roldanas, coletes, etc.) e depois iniciar com halteres leves, aumentando-se os pesos lentamente.

TREINAMENTO DE FORÇA PARA ADOLESCENTES

Para crianças e adolescentes não se pode aplicar os mesmos princípios de trabalho aplicáveis aos adultos. Entre os 10-15 anos seu desenvolvimento deve ser no sentido transversal do corpo. Sem dúvida, deve-se, então, programar exercícios de força, tais como salto, lançamentos de todos os tipos, lutas diversas, utilizando cordas individuais, medicinebol, espaldar, cabo de guerra, sacos de areia, etc., porém sempre pensando num trabalho de fortalecimento geral. Paralelamente a esse desenvolvimento deve haver um trabalho de alongamento muscular. O treino com halteres poderia se iniciar no fim da puberdade, por volta dos 15 anos, com exercícios para fortalecer os grandes grupos musculares (tronco, peito, abdômen, dorso e regiões glúteas). Só depois disso, inicia-se o fortalecimento da musculatura dos membros.

ETAPAS DO TREINAMENTO DA FORÇA

Fase I = Etapa básica
Fase II = Etapa de preparação específica (construção)
Fase III = Etapa de rendimento máximo

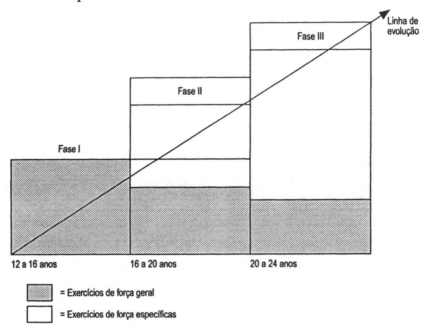

Apresentamos a seguir cada fase, que deve durar de 3 a 4 anos.

Fase I - Nesta etapa, recomenda-se 100% de treinamento de força generalizado (exercícios gerais). Os exercícios devem ser variados, gerais, quase sempre em forma de circuito. Assim se formará a base para posteriores treinamentos de força específicos. No final dessa fase já se pode iniciar os exercícios específicos, principalmente se o indivíduo já mostrou tendência para uma especialidade.

Fase II - Utilizam-se 50% de exercícios gerais e 50% de exercícios específicos.

Força motora

Fase III - Nesta etapa objetiva-se alcançar altos rendimentos, então 2/3 dos exercícios de força devem ser específicos e 1/3 apenas de exercícios gerais.

Grandes rendimentos se atingem após 12 anos de treino. Quanto maior for a base construída, mais altos serão os rendimentos alcançados na última etapa.

ALGUMAS RECOMENDAÇÕES PARA INICIAR O TREINAMENTO COM SOBRECARGA

1. Iniciar com formas simples de sobrecargas: peso do próprio corpo, medicinebol, parceiros, saco de areia, colete, etc.
2. Iniciar com exercícios de força geral e depois partir para os específicos.
3. Dar importância ao aquecimento prévio.
4. Aplicar o princípio de carga progressiva, ou seja, do leve para o pesado, do fácil para o difícil, etc.
5. Executar exercícios de alongamento e flexibilidade entre os exercícios com carga.
6. Observar com cuidado especial a posição da coluna nos movimentos.

TREINAMENTO DE FORÇA COM PESOS OU HALTERES DE DISCO

Considerações anatômicas da coluna vertebral

A coluna é composta de 24 vértebras móveis formando um corpo vertebral firme. Esse corpo serve para a função de postura da coluna vertebral dentro da qual corre a medula espinhal. A coluna é uma continuidade do cérebro em forma de cordão e dela partem os nervos medulares dorsais que servem o tronco, os membros e os nervos sensitivos e de movimentos. O maior nervo de nosso corpo é o nervo ciático, que parte da última secção da medula dorsal.

As vértebras não são colocadas diretamente uma sobre as outras; entre cada dois corpos encontra-se um disco intermediário de forma acolchada, resultando um anel fibroso firme, o qual envolve um núcleo gelatinoso chamado *nucleus pulposus*.

O disco intermediário é fechado para cima e para baixo por finas placas cartilaginosas de proteção.

Do lado de fora eles são firmes, porém, internamente, a formação gelatinosa atua como um amortecedor hidráulico, permitindo a elasticidade da coluna vertebral.

Teoria e prática do TREINAMENTO ESPORTIVO

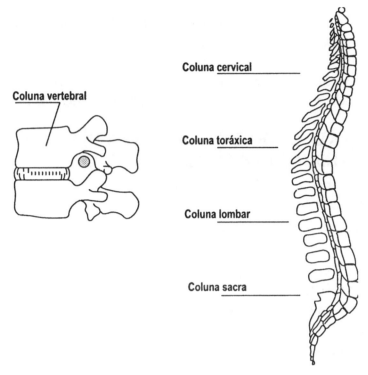

Figura 9.13 - A coluna vertebral

Essa construção genial tem apenas uma falha: é servida apenas por uma rede sangüínea de nutrição, de tal forma que, no decorrer da vida, o tecido de um disco intermediário, lesado ou destruído, não pode ser mais recuperado ou substituído.

Com o avanço da idade notam-se fenômenos de deteriorização e desgastes nos discos. Com isso, advém um ressecamento progressivo ligado à perda da elasticidade, surgindo, em conseqüência, pequenas rupturas ou formações ocas, que podem levar a deslocamentos ou inchaços do núcleo gelatinoso, comumente conhecido como hérnia de disco.

Se um disco se degenerar, os nervos medulares podem ser comprimidos e excitados, podendo levar a fortes dores (ciática), ou até mesmo à paralisia.

MATTHIASH, com base na Mecânica das Alavancas, estudou a carga suportada pela coluna, principalmente o último disco (o 5.º disco lombar) quando submetido a pesos pesados. Os discos lombares entre os corpos vertebrais L_4 e L_5, e entre o L_5 e S_1 são os mais maleáveis. Segundo essa lei, a força × braço de força é igual à carga × braço da carga. Então a *força* (que é igual à carga do disco vertebral) é igual à *carga × braço da carga* (que é igual ao braço da força).

Força motora

O braço da força é dado pela distância entre o ponto de rotação da vértebra e a ponta do prolongamento espinoso onde se insere o músculo, por isso é muito curto (aproximadamente 5 cm). O braço de carga é calculado da distância do ponto de rotação da vértebra e o centro de gravidade, dependendo assim da inclinação do tronco e da distância na qual o peso é elevado à frente do corpo. Quanto maior o braço da força, tanto mais desvantajosa será a relação de alavancas e tanto maior será a força de carga sobre o disco vertebral. Exemplos:

a) um indivíduo medindo 1,84 cm de altura com 93 kg de peso, sem carga adicional, transfere ao disco vertebral 60 kg (esse peso é dado pelas partes do corpo acima da 5.ª vértebra lombar); se o indivíduo inclinar-se para frente, o braço de carga torna-se mais comprido, aumentando a carga para o disco (um movimento angular); se o tronco se inclinar 170 graus à frente, a carga será igual a 135 kg, 130 graus = 348 kg e 90 graus = 422 kg.

b) se o indivíduo estiver com uma carga adicional de 30 kg, na posição vertical a carga geral será de 90 kg com o tronco num ângulo de 170 graus = 207 kg, 130 graus = 593, 90 graus = 728 kg.

c) se o indivíduo, em pé, segurar um peso de 10 kg com o braço estendido, a carga do disco importa em 298 kg; essa carga seria igual se transportássemos 227 kg sobre a cabeça!!! (Fig. 9.14).

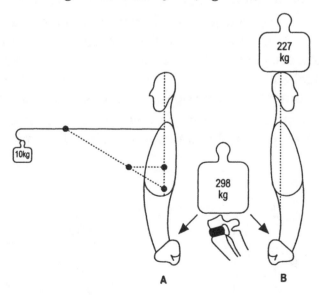

Figura 9.14 - Demonstração de carga sobre os discos intervertebrais

Conclui-se, portanto, que todo trabalho executado com o corpo flexionado sobrecarrega muito mais que na posição vertical. Quanto mais próximo do centro de gravidade o peso for transportado, tanto menor será a

Teoria e prática do TREINAMENTO ESPORTIVO

carga sobre o disco; quanto mais distante, tanto maior! A forma mais racional de transportar alguma coisa é o transporte sobre a cabeça. Como isso implica em várias dificuldades, seria recomendável que se transportasse sobre as costas (como mochila de escoteiro).

Com essas considerações mecânicas, podemos perceber claramente que o treinamento com pesos pode levar a lesões dos discos vertebrais, quando não executado dentro de padrões técnicos (anatômicos) ideais. Na verdade, esforços muito grandes com o tronco flexionado erroneamente à frente podem levar a lesões irreversíveis, pois o disco não é capaz de regenerar-se ou de recuperar-se (a partir dos 20 anos o disco é um tecido morto!).

O perigo todo reside no fato de pessoas sobrecarregarem de modo anormal a coluna por relações de alavancas inadequadas.

Aplicação do treinamento de levantamento de peso

O levantador de pesos, normalmente, tem uma boa técnica de levantamento, porém, o mesmo não se verifica com os atletas de outros esportes que utilizam o levantamento de pesos como complemento de seu treinamento. Além de não possuírem uma técnica suficiente, a maioria comete o erro de aumentar rapidamente a carga em um tempo muito curto de treinamento (isso é bastante visível entre nós brasileiros, que temos índole de imediatistas!).

A técnica deficiente, a utilização de cargas muito elevadas e também a predisposição constitucional são condições para o aparecimento de lesões dos discos vertebrais. Como o levantamento de peso não pode ser deixado de lado no contexto atual do treinamento moderno (da força principalmente), é necessário tomar uma série de precauções com a sua utilização.

Os atletas antes de iniciarem os treinos com pesos deveriam fortalecer principalmente as musculaturas dorsais e abdominais com ginásticas objetivas.

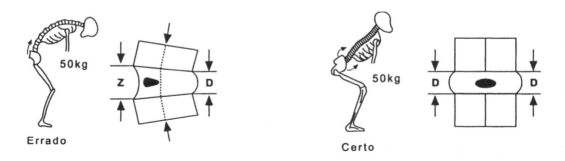

Figura 9.15 - Levantamentos incorreto e correto e seus reflexos nos discos intervertebrais

96

Força motora

Com a musculatura dorsal fortalecida, deve-se evitar uma flexão muito acentuada da coluna para a frente, prevenindo com isso um amassamento do disco na borda anterior do corpo vertebral. Com os músculos abdominais fortalecidos, evita-se uma extensão repentina da coluna para trás, de tal forma que não ocorra nenhum amassamento dos discos na borda posterior do corpo vertebral.

Além de fortalecer a musculatura lateral do tronco, deve-se evitar uma inclinação muito pronunciada da coluna para os lados, para que haja sobre os discos uma pressão equilibrada que afaste a possibilidade de lesão.

Técnica de levantamento de peso

Para levantar o peso, o atleta coloca-se em uma posição de cócoras perto do peso, equilibrado, com os pés um pouco afastados lateralmente. (Figs. 9.16a, b).

Figura 9.16 - A fase da puxada no arremesso

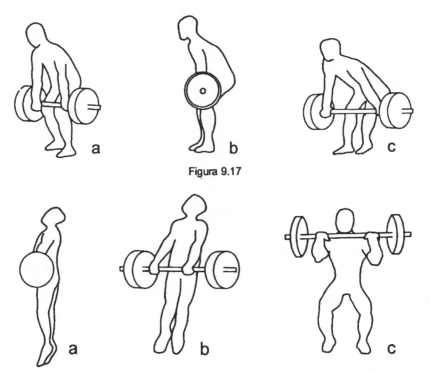

Figura 9.17

Figura 9.18

Teoria e prática do TREINAMENTO ESPORTIVO

Figura 9.19 - O arranco

Figura 9.20

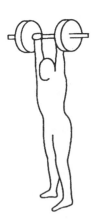

Figura 9.21

Ao iniciar o levantamento as costas são endireitadas, a coluna é imobilizada pela tensão da musculatura dorsal e abdominal. (Figs. 9.17a, b, c).

Primeiro estende-se as pernas e, finalmente, o tronco é elevado. Por último, utilizam-se os braços, que são flexionados explosivamente, trazendo o peso até os ombros (Figs. 9.18a, b, c).

Vejamos algumas considerações técnicas de levantamento segundo W. PETER, técnico de levantamento de pesos.

Força motora

O importante nos exercícios é executar uma técnica correta. O peso sempre deve ser elevado com as costas retas. Inicialmente, flexiona-se as pernas, as costas é aliviada, sendo o peso, então, levantado inicialmente pela força das pernas. A conseqüente elevação do tronco ocorre na articulação do quadril, e então o trabalho principal é transferido aos músculos do quadril. A coluna na região sacrolombar deve ser mantida reta. Somente após isso é que se utilizam os braços para a finalização dos movimentos. Dessa forma, os discos são reivindicados por igual, e o perigo é consideravelmente evitado.

Ao contrário, se o tronco estiver flexionado, não mantendo a coluna reta, os discos agüentarão o dobro de uma pressão, possibilitando o perigo de uma lesão. Deve-se, então, observar duas solicitações principais no levantamento, apresentadas a seguir.

1. Transferir o máximo possível o trabalho de força aos grandes grupos musculares, sobretudo para as pernas.

2. Levantar os pesos o mais perto possível do corpo, a fim de atingir a coluna o mais vertical possível.

Movimentos olímpicos

a) Arranco

A barra fica colocada horizontalmente na frente das pernas (Fig. 9.19a). Será empunhada com as palmas para baixo, numa abertura maior do que a largura dos ombros (Fig. 9.19b).

Deverá ser puxada num único movimento do solo até a completa extensão dos braços, verticalmente sobre a cabeça, seja caindo a fundo (posição conhecida como tesoura, (Fig. 9.20a)) ou flexionando as pernas como no agachamento (Figs. 9.20b, c).

Como já foi descrito, o movimento começa com as pernas, quadril, tronco, (Figs. 9.19c, d), e por último os braços (Figs. 9.20a, b, c). Em seguida, ao movimento dos braços, faz-se uma "virada" dos punhos, o que só pode ocorrer depois da barra ter ultrapassado a altura da cabeça. Depois que a barra estiver elevada, faz-se uma extensão das pernas, ficando em pé. (Fig. 9.21).

b) Arremesso

O atleta coloca-se na frente da barra e empunha-a com as palmas para baixo. (Fig. 9.22a). Pode-se usar a empunhadura com o polegar por baixo dos 4 dedos, a fim de melhor enganchar e tornar mais seguro. O primeiro movimento é levantá-la num movimento único do solo até os ombros, seguindo a orientação descrita anteriormente (Figs. 9.22b, c, d, e, f, g).

Teoria e prática do TREINAMENTO ESPORTIVO

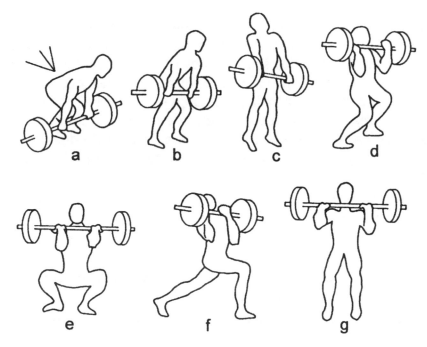

FIGURA 9.22 - O arremesso

Usa-se, também, uma posição de "tesoura" (a fundo) ou flexão de ambas as pernas (Figs. 9.22 e, f). Nessa primeira posição os cotovelos devem ficar para a frente com a barra sobre as clavículas, encostada nos ombros. Os pés devem ficar alinhados e as pernas estendidas.

No segundo movimento flexiona-se parcialmente as pernas e estende-se explosivamente, ao mesmo tempo em que se estende os braços, mantendo a barra verticalmente sobre a cabeça, caindo em posição a fundo (Fig. 9.23c). As pernas se estendem completando o movimento (Fig. 9.23d).

Ao descer a barra, obedecer os mesmos princípios técnicos que se usa ao levantá-la.

Figura 9.23

Força motora

Respiração

É muito comum que, ao realizar o esforço, o atleta bloqueie a respiração provocando uma pressão abdominal. Esse fenômeno é conhecido como fenômeno de *vasalva*.

Essa forma de trabalhar com a glote fechada provoca uma forte elevação da pressão sangüínea arterial, uma compressão torácica e um impedimento de enchimento venoso do coração.

Segundo HOLLMANN, um esforço com a glote fechada de 2 a 4 s não provoca perturbações. Por outro lado, com um esforço com duração de 12 a 16 s efetuado com contenção da respiração, o percentual de saturação oxigênica no sangue arterial diminui de 97 a 70-75%. Dessa forma, aumenta-se a possibilidade de um colapso e é comum o atleta sentir tonturas e escurecimento da vista.

Já HETTINGER acha que se o atleta é saudável, não há perigo pelo bloqueio respiratório, porque este é rápido. Seria apenas uma perturbação da irrigação sangüínea, sem causas prejudiciais.

Como no treino de levantamento com cargas altas não se consegue realizar um bom trabalho sem o bloqueio respiratório, devemos nos ater a uma técnica respiratória adequada. Deve-se bloquear o menos possível a respiração, inspirando ao levantar o peso e expirando ao abaixá-lo.

Agachamento total ou meio agachamento

Vários médicos ortopedistas alertam sobre os perigos do agachamento (flexão das pernas com peso nas costas) para os joelhos e mais particularmente para os meniscos.

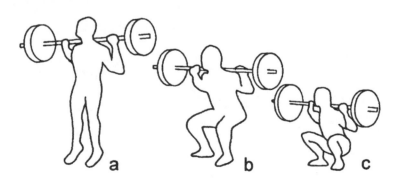

FIGURA 9.24 - Agachamento total

Como no agachamento total os glúteos tocam os calcanhares ou chegam muito próximos deles, os meniscos ficam fortemente comprimidos e poderiam esmigalhar-se, com uma duração nessa posição muito prolongada (Fig 9.24).

Como no atletismo não existe nenhuma disciplina em que aplica-se essa posição de agachamento total, esse movimento não é necessário, bastando apenas o meio agachamento (coxa paralela ao solo) onde encontramos o melhor ângulo de trabalho de músculos e articulações (= 90%).

FIGURA 9.25 - Meio agachamento

Com o meio agachamento, os músculos trabalham de forma mais atuante, e a extensão da perna é suficientemente rápida, o que, certamente, é mais vantajoso para os praticantes de atletismo.

Capítulo 10

RESISTÊNCIA MOTORA

CONSIDERAÇÕES GERAIS

É uma característica de rendimento que pertence à natureza humana. Suas características se fundamentam em fatores orgânicos, fisiológicos e psíquicos. A resistência é determinada pelo sistema cárdio-respiratório, pelo metabolismo, sistema nervoso, sistema orgânico, pela coordenação de movimentos e por componentes psíquicos. Aparece em vários setores da vida humana, por isso dizemos que há resistência física, sensorial, emocional (psíquica).

Aliado à noção de resistência está a noção de cansaço, que é uma diminuição de resistência. O cansaço evidencia-se por se tornar cada vez mais difícil e finalmente impraticável continuar uma atividade com a mesma intensidade, de acordo com MEUSEL (1969). Segundo esse autor, na primeira etapa que o cansaço aparece, pode ser igualado por um grande esforço da vontade, logo a atividade pode ser executada com a mesma intensidade; chama-se a isso, cansaço compensado. Numa segunda etapa a intensidade é diminuída, embora ainda se tenha a força de vontade; é o chamado cansaço não compensado.

DEFINIÇÕES DE RESISTÊNCIA

Vamos citar, a seguir, algumas conceitos de resistência segundo alguns autores.

"Capacidade que o corpo possui para suportar uma atividade prolongada" (MOREHOUSE).

"Capacidade para manter um esforço prolongado, sem diminuição apreciável do desempenho" (LANGLADE).

"Qualidade que permite suportar a fadiga permitindo continuar um trabalho orgânico" (THIES).

"Qualidade que permite manter durante o maior tempo possível esforços muito intensos" (FAUCONIER).

103

Teoria e prática do TREINAMENTO ESPORTIVO

"Qualidade essencialmente física que possibilita continuar um esforço sem grande débito de oxigênio" (THOMAS).

"Aptidão que permite resistir à fadiga e à dor" (MOLLET).

"O resultado de uma capacidade fisiológica do indivíduo para sustentar movimentos durante um período do tempo" (BARROW).

"Capacidade de resistir ao cansaço, isto é, poder executar pelo maior tempo possível uma carga estática ou dinâmica, sem diminuir a qualidade do trabalho" (JONATH).

Nota-se uma diferença de conceituação, embora basicamente tenham o mesmo significado.

Esse tema oferece uma grande variedade de discussões e interpretações, e a terminologia existente acerca a resistência é muito vasta. Os estudos mais profundos para esclarecer a problemática da resistência são efetuados no campo da Fisiologia. O esclarecimento das várias formas de resistência tem sua importância no planejamento do treinamento, por isso, faz-se necessário um estudo mais profundo de suas características.

O QUE AS PESQUISAS DIZEM DA RESISTÊNCIA

A resistência é uma qualidade física que recebe muita atenção dos fisiologistas, pelo valor que ela possui no contexto geral de saúde. Vejamos

algumas conclusões sobre experiências realizadas para verificar as possibilidades do rendimento humano em relação à resistência. Segundo RUTENFRANZ, a melhor forma de medir as reações especificas da idade é através da pulsação. Ele concluiu que a pulsação durante o esforço diminui gradativamente desde os 10 (dez) até os 18 (dezoito) anos, o que significa uma melhora do sistema circulatório.

MELLEROVICZ verificou que após um esforço de resistência em relação com a idade, os adultos e adolescentes se recuperavam com a mesma capacidade.

NÖCKER em suas experiências concluiu que as crianças e os adolescentes têm capacidade limitada para realizar trabalhos anaeróbicos, em contraposição estão em condições propícias para executar trabalhos aeróbicos.

Convém assinalar, ainda, que as diferenças entre os sexos para trabalhos de resistência aparecem aos 14 anos. Independente do treinamento, a resistência aumenta até aos 23-24 anos para os homens e até aos 17 anos para as mulheres, em virtude apenas do crescimento.

HOLLMANN, baseando-se na capacidade de absorção do oxigênio, encontrou os seguintes valores: até aos 12 anos aumenta paralelamente nos homens e nas mulheres; a partir dessa idade até aos 18 anos o aumento é maior nos homens. A mulher atinge seu limite máximo entre os 15-16 anos. Com essas afirmações concluímos que, entre os 12 e 17 anos para as moças, e entre os 14 e os 22-23 anos para os rapazes, se situa a etapa ideal de treinamento da resistência.

DIETRICH chegou às mesmas conclusões, e afirma que as meninas a partir dos 12 anos estão em condições ótimas para o treinamento da resistência.

RUTENFRANZ verificou, ainda (concordando com outros autores), que o rendimento no trabalho de resistência é maior após o aquecimento. Essa afirmação, aliás, não tem validade apenas para as provas de resistência, mas para as de velocidade e de força também.

KIRSCHHOF fez ótimas investigações sobre as atividades de resistência antes, durante e depois da puberdade e concluiu o seguinte: antes da puberdade, a reação ante a um esforço de resistência se manifesta através do aumento do volume respiratório; durante a puberdade ocorre uma instabilidade do sistema circulatório, o que certamente influi no rendimento, porém a isso não devemos entender como uma crise, pois paralelamente também ocorre instabilidade psíquica e senso-motriz.

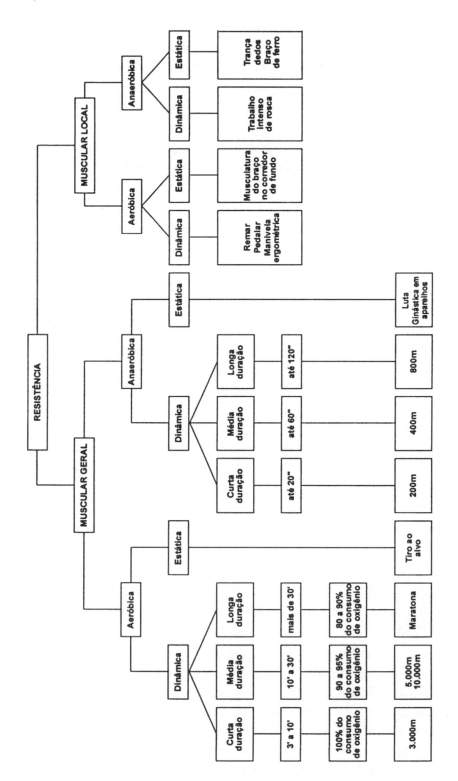

FIGURA 10.1 - Esquema da resistência motora (Hollman e Hettinger, 1976)

DIVISÕES DA RESISTÊNCIA

De acordo com o volume da região da musculatura solicitada, são diferenciadas a resistência aeróbica geral e a resistência aeróbica localizada.

Resistência geral aeróbica existe quando um esforço durar mais de três minutos e solicita mais que 1/6-1/7 da musculatura esquelética, com intensidade superior a 50% da capacidade circulatória. Musculatura esquelética acima de 1/6-1/7 do total é, por exemplo, a musculatura das duas pernas.

Exemplo de resistência aeróbica geral: corridas de longas distâncias. HOLLMANN e HETTINGER (1989) dão uma classificação à resistência geral aeróbica dinâmica:

Resistência aeróbica geral de curta duração, quando um esforço dura de 3 a 10 min, por exemplo, na corrida de 3 000 m.

Resistência aeróbica geral de média duração, nos esforços de duração entre 10 e 30 min, como nas corridas de 10 000 m.

Resistência aeróbica geral de longa duração, quando o esforço dura mais de 30 min, como na corrida de maratona.

Resistência localizada aeróbica quando um trabalho de duração mínima de 3 min for realizada com intensidade moderada, com atuação menor que 1/6-1/7 da musculatura esquelética (portanto com um pequeno grupo muscular), por exemplo, girar uma manivela moderadamente durante um longo tempo.

Resistência aeróbica é a capacidade de resistir à fadiga nos esforços de longa duração e intensidade moderada. É um trabalho que se realiza com suficiente quantidade de oxigênio. Após alguns minutos de carga, estabelece-se um equilíbrio entre o consumo e a liberação de energias (*Steady State*), podendo o trabalho ser executado durante um longo tempo. HOLLMANN e HETTINGER (1989) citam três minutos como índice mínimo de duração para que o esforço seja de resistência aeróbica, e que esteja atuando numa intensidade acima de 50% da máxima capacidade de trabalho circulatório. Segundo ele, mais de 50% da máxima capacidade de trabalho circulatório corresponde a pessoas de ambos os sexos na terceira década de vida, a uma freqüência de pulso por volta de 130 batimentos por min.

A resistência aeróbica tem outras denominações: *endurance* (terminologia francesa), *aerobic power*; *aerobic endurance*; *cardio respiratory endurance* (terminologia americana) e *aerobe ausdauer* (terminologia alemã). Alguns autores ainda denominam resistência aeróbica de *stamina*. Exemplos típicos de resistência aeróbica: corridas longas (10 000 m), natação de longa distância, ciclismo de estrada, esqui de fundo, etc.

Denomina-se *resistência anaeróbica* a capacidade de realizar um trabalho de intensidade máxima ou submáxima com insuficiente quantidade de oxigênio durante um período de tempo inferior a 3 min.

Teoria e prática do TREINAMENTO ESPORTIVO

Na resistência anaeróbica existe a formação de um grande débito de oxigênio, e com a insuficiente provisão de oxigênio há a formação de grande quantidade de ácido lático. Por exemplo, nas provas de 400 m, 800 m.

À resistência anaeróbica recebe outras denominações: *resistance* (terminologia francesa), *anaerobic endurance* (terminologia americana), resistência de velocidade, resistência de tempo ou poder de manutenção (*stehvermogen*) na terminologia alemã.

De acordo com a quantidade de musculatura solicitada no esforço, a resistência anaeróbica pode ser resistência geral anaeróbica e resistência localizada anaeróbica.

Resistência geral anaeróbica é a capacidade de resistir a esforços de intensidade elevada com a participação de mais de 1/6-1/7 da musculatura esquelética, numa duração inferior a 3 min. Por exemplo, nas corridas de 400 m.

HOLLMANN e HETTINGER (1989) propõem para a resistência geral anaeróbica (dinâmica) a classificação apresentada a seguir.

Resistência geral anaeróbica de curta duração, em esforços de carga máxima dinâmica que durem até 20 s, por exemplo, nas corridas de 100 m, 200 m, 110 m com barreiras.

Resistência geral anaeróbica de média duração, para os esforços com duração até 60 s, por exemplo, corridas de 400 m, 400 m com barreiras.

Resistência geral anaeróbica de longa duração, nos esforços com duração até 120 s, por exemplo nas corridas de 800 m.

Resistência localizada anaeróbica quando o esforço tiver intensidade elevada, com a participação de menos de 1/6-1/7 da musculatura esquelética total. Por exemplo, o trabalho intensivo numa manivela ergométrica.

As diferenças entre as resistências aeróbica e anaeróbica podem ser resumidas no seguinte: em esforços de curta duração a necessidade de energia é

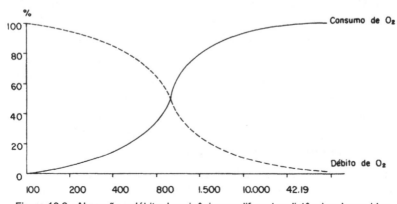

Figura 10.2 - Absorção e débito de oxigênio nas diferentes distâncias de corridas

Resistência motora

quase exclusivamente por processo anaeróbico; em cargas com duração acima de 3 min, o emprego de energia aeróbica ganha cada vez mais importância.

RESISTÊNCIA MUSCULAR LOCALIZADA

A resistência muscular é localizada quando o movimento realizado exigir menos de 1/6 a 1/7 do total da musculatura do corpo. Quando usamos apenas os braços, ou uma perna, ou ainda um grupo muscular pequeno, como num exercício abdominal, e tentamos manter o movimento por tempo prolongado ou fazemos muitas repetições, precisamos da chamada resistência muscular localizada. Essa resistência, dependendo do metabolismo energético, pode ser aeróbica ou anaeróbica.

Chama-se resistência muscular localizada aeróbica, quando o trabalho muscular prolongado de pequenos grupos musculares utiliza uma intensidade de carga abaixo de 20-30% da força máxima destes grupos musculares. Nesses níveis de força máxima, precisamos de poucas unidades motoras para realizar o movimento, permanecendo as outras "desligadas". Com isso, muitos capilares permanecem abertos, premitindo uma grande oferta de sangue e conseqüentemente de oxigênio ao músculo. Por causa dessa presença elevada de oxigênio, o movimento pode ser executado por um longo tempo ou com uma grande quantidade de repetições.

Quando o movimento exigir maior intensidade de carga, entre 30 a 50% da força máxima, acrescentam-se cada vez mais mecanismos anaeróbicos, porque mais unidades motoras precisam ser introduzidas, provocando o fechamento dos capilares e com isso reduzindo o aporte de oxigênio.

A resistência muscular é localizada anaeróbica, quando movimentos executados com pequenos grupos musculares exigirem uma sobrecarga com mais de 50% da força máxima dos músculos, que impede o fluxo sangüíneo e com isso nenhuma presença mais de oxigênio se verificará nos mesmos.

A resistência muscular localizada, tanto aeróbica como anaeróbica, pode ser dinâmica ou estática, dependendo ou não de trabalho mecânico. A resistência muscular localizada aeróbica dinâmica exige pequeno grupo muscular trabalhando de forma dinâmica, como acontece na maioria dos movimentos executados pelo homem. Quando, porém, houver uma solicitação muscular estática inferior a 15% da força estática inferior a 15% da força estática máxima, a energia pode ser liberada aerobicamente, porque a tensão estática do músculo ainda não é suficiente para comprimir todos os capilares e dificultar a irrigação dos músculos. Isso acontece quando temos

109

que manter inúmeras posturas com partes do corpo. Nesse caso, a resistência muscular localizada é aeróbica estática.

CARACTERÍSTICAS FISIOLÓGICAS

Fisiologicamente a resistência é uma expressão da eficiência circulatória e respiratória. Por isso, é também conhecida como resistência círculo-respiratória ou cardiorrespiratória.

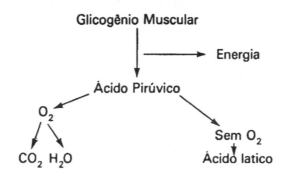

Figura 10.3 - Processo do esforço aeróbico e anaeróbico

A principal fonte de energia nos esforços de resistência é o glicogênio muscular. Através de inúmeras reações químicas, ele sofre muitas transformações, chegando a ácido pirúvico. Se houver suficiente provisão de oxigênio, o ácido pirúvico se transforma em CO_2 (gás carbônico) e H_2O (água). Dizemos, então, que o ácido pirúvico se oxida e o esforço pode continuar indefinidamente, porque há eliminação de seus subprodutos. Assim, processa-se o esforço de resistência aeróbica.

Quando o esforço é mais intenso, o ácido pirúvico não encontra oxigênio suficiente para oxidar-se e transforma-se em ácido lático, que vai concentrar-se. Quanto maior o esforço, maior a concentração de ácido lático, e se essa concentração for muito elevada, chegará um momento em que se inibirá a capacidade de movimento, e as fibras musculares estarão impossibilitadas para sua contração. Observa-se, assim, um esforço típico de resistência anaeróbica.

A capacidade de resistência é determinada por dois fatores essenciais: transporte de oxigênio e utilização de oxigênio pelos tecidos. Esses fatores são possibilitados pelo aparelho cardiorrespiratório.

As possibilidades cardíacas dependem dos seguintes fatores: volume sistólico, volume minuto, velocidade do fluxo sangüíneo, taxa de hemoglobina, capilarização e índice de captação de oxigênio pelos tecidos.

Resistência motora

Por sua vez, as funções respiratórias dependem da ventilação pulmonar máxima, da velocidade de difusão do ar nos pulmões e do consumo máximo de oxigênio.

Esses processos todos não são tão simples de serem entendidos, uma vez que estão em jogo vários sistemas. Existem outras funções metabólicas e hormonais agindo paralelamente.

Essa solicitação do sistema cardiorrespiratório provoca no organismo várias adaptações, como as apresentadas a seguir:

Hipertrofia cardíaca;

Diminuição da freqüência cardíaca em repouso e em esforço;

Maior capilarização a nível dos tecidos (aumento do volume de cada capilar e também do número de capilares); o volume capilar pode aumentar, sob trabalho, 240 vezes o seu volume de repouso, em pessoas altamente treinadas em resistência;

A provisão de oxigênio para os músculos torna-se maior em decorrência da melhor capilarização dos grupos musculares treinados; também os produtos metabólicos que devem ser eliminados o são com maior facilidade;

Aumento da irrigação muscular;

Aumento do volume sangüíneo;

Aumento da quantidade de glóbulos vermelhos (hemoglobina) e, conseqüentemente, da taxa de oxigênio transportado pelo sangue;

Aumento das mioglobinas;

Aumento de substâncias "tampão" (reservas alcalinas) que são necessárias ao equilíbrio ácido-básico do organismo.

De acordo com NÖCKER (1964), um indivíduo treinado em resistência tem à disposição de seus músculos um aumento de sais minerais, fosfatos, potássio e fermentos, que faz com que a fadiga seja retrocedida. Então o cansaço é retardado e a recuperação é substancialmente acelerada, resultando maiores capacidades de trabalho, maior grau de atuação, menor fadiga, maior tolerância a um débito de oxigênio, o que permite manter ou prolongar um esforço máximo ou submáximo sem perda da qualidade, apesar do acúmulo de substâncias tóxicas e da conseqüente intoxicação muscular.

IMPORTÂNCIA DO TRABALHO DE RESISTÊNCIA AERÓBICA

A finalidade maior do treinamento de resistência aeróbica é adquirir uma adaptação orgânica máxima, em particular do sistema cardiorrespiratório.

Entre os jovens, é determinante a consolidação do tecido conjuntivo e do aparelho locomotor (ossos, ligamentos, tendões, articulações). É comum ver-se atletas saltadores, arremessadores, velocistas, etc., correndo nos bosques no 1.º Período de Preparação para melhorar essa capacidade; mas é entre os jovens e adolescentes que se verificam as maiores adaptações devidas ao trabalho de resistência aeróbica. Graças aos estudos fisiológicos muito cuidadosos de VAN AAKEN, MELLEROVICZ, REINDELL e outros, provou-se que os jovens e os meninos respondem melhor a estímulos de longa duração, do tipo de resistência aeróbica do que os de curta duração, tipo resistência-velocidade (resistência anaeróbica). Por isso, para eles é mais interessante uma corrida longa (3 000 m) do que uma curta (300 m).

Na puberdade a freqüência respiratória diminui, aumentando o volume respiratório; isso significa que há uma economia de função. Nos adolescentes em treinamento (com melhores condições físicas) há um aumento do volume respiratório, porém nos de menores condições físicas há um aumento da freqüência respiratória.

Nos esforços de resistência aeróbica, as diferenças específicas do sexo se manifestam a partir dos 14 anos. Nas meninas, a partir dos 12 anos, existe boas condições de rendimento circulatório, portanto já se pode iniciar um treinamento de resistência aeróbica, enquanto que nos rapazes a partir dos 14 anos surgem as condições para rendimento futuro.

Nas provas de resistência aeróbica o homem alcança seu rendimento máximo aos 23-24 anos e a mulher aos 17 anos, em função, apenas do crescimento, não como conseqüência do treinamento.

O Dr. ANDRIVET se expressa da seguinte forma: "Creio que quanto mais jovem a pessoa, maior deve ser a parte de resistência aeróbica no seu

Resistência motora

treinamento. Esse trabalho bem moderado pode habituar o músculo cardíaco e os músculos em geral a trabalharem um longo tempo a um nível moderado. É um excelente meio de formação cardíaca, de formação muscular e de formação respiratória".

A resistência aeróbica é uma base de saúde onde se apoiarão todas as demais qualidades físicas. Pode-se concluir, então, que os esforços pequenos e intensos necessitam de um período de adaptação, antes de serem aplicados com crianças e adolescentes. Nesse período de adaptação, a ênfase será maior em trabalhos longos e de pouca intensidade.

Sabe-se que as crianças e adolescentes devem estar em condições de correr, a ritmo lento, tantos minutos seguidos quantos anos de idade tenham. Um menino de 10 anos deverá, então, estar em condições de correr 10 min.

No setor competitivo, principalmente nas corridas longas, a resistência aeróbica toma maior importância, e de acordo com isso, assim se expressa ARTHUR LYDIARD, famoso técnico da Nova Zelândia: "somente quando o sistema cardiovascular e respiratório estiver bem desenvolvido, pode ser aplicado o trabalho de resistência anaeróbica para desenvolver o sistema muscular, a velocidade e a potência".

A RESISTÊNCIA NO ATLETISMO

A capacidade de resistência entra de forma diferente nas diversas disciplinas do atletismo. Isso está de acordo com as ciências esportivas, embora muitos autores divirjam um pouco quanto às suas denominações. Temos, então, diversas categorias de resistência.

FETZ reconhece a resistência geral, a resistência de velocidade e a resistência muscular localizada. Segundo ele, há resistência geral quando uma carga de duração tem solicitação relativamente elevada, atuando em grandes grupos musculares por mais de 1 min. Resistência de velocidade é aquela em que existe um alto débito de oxigênio, e resistência muscular localizada é uma capacidade não do coração, porém das relações de pressão sangüínea dos músculos ativos.

HARRE (1974) cita outras classificações para a resistência: resistência de longa duração, resistência de média duração e resistência de curta duração.

Há resistência de longa duração quando o esforço tem uma duração acima de 11 min, portanto com características aeróbicas, como ocorre nas corridas de 5 000 m e acima. Resistência de média duração existe nas distâncias com duração aproximada entre 2 a 8 min, com predominância do setor anaeróbico. O nível desse tipo de resistência depende da resistência de

Teoria e prática do TREINAMENTO ESPORTIVO

força e da resistência de velocidade, por exemplo, nas corridas de 1.500-3.000 m. Resistência de curta duração existe quando o esforço dura entre 45 s e 2 min, solicitando alta porcentagem do processo metabólico anaeróbico. Também esse tipo de resistência, ele diz, depende do nível de desenvolvimento da resistência de força e da resistência de velocidade, por exemplo, nas provas de 400 e 800 m.

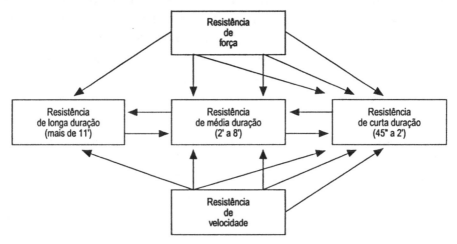

Figura 10.4 - Formas de resistência (Harre, 1974)

HARRE, contudo, não faz citação acerca das provas de 100 e 200 m, e é evidente que essas provas necessitam também de um "tipo" de resistência.

Atualmente, sugere-se a denominação de resistência de ultra curta duração para essas provas, cuja duração é pequena (10-15 s) e o débito é do tipo alatácido.

KEUL, outro fisiologista famoso, apresenta divisões da resistência bem similares às divisões de HARRE.

	Força (potência)	Resistência de curta duração	Resistência de média duração	Resistência de longa duração
Tempo	até 20 s	abaixo de 1 min	1 - 8 min	acima de 8 min
Distância de corrida	abaixo de 200 m	até aproximadamente 500 m	entre 500 - 3000 m	acima de 3000 m
Capacidade aeróbica	0 - 5%	abaixo de 20%	20 - 80%	acima de 80%
Capacidade anaeróbica	95 - 100%	acima de 80%	80 - 20%	abaixo de 20%

Figura 10.5 - Divisões de resistência segundo Keul

Resistência motora

A Fig. 10.6 compara em esquema a opinião de vários autores. De acordo com esse esquema, achamos que as divisões propostas por MEUSEL e GROSSER são as que oferecem maior oportunidade de esclarecer os diferentes esforços de corrida.

	100 m - 200 m 100 m s/b - 110 s/b	400 m - 800 m 400 m s/b	1500 m	3000 m c/obst. 5000 m - 10000 m Maratona Marcha 20 km
Harre		Resistência de curta duração	Resistência de média duração	Resistência de longa duração
Fetz	Resistência de velocidade muscular localizada	Resistência geral		
Meusel	Resistência de *sprint*	Resistência de velocidade		Resistência geral básica
Grosser	Resistência de *sprint*	Resistência de velocidade		Resistência geral

FIGURA 10.6 - Conceitos de resistência segundo vários autores

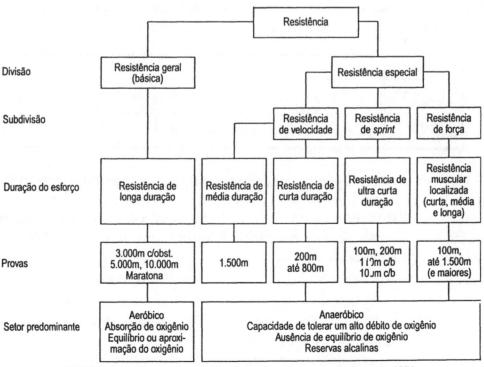

FIGURA 10.7 - Formas de resistência nos esportes, segundo Grosser, 1972

Teoria e prática do TREINAMENTO ESPORTIVO

FORMAS DE RESISTÊNCIA NOS ESPORTES

Resistência geral ou *básica*, segundo STUBLER é a capacidade de resistência ao cansaço em cargas de resistência com intensidade média de estímulos e com metabolismo muscular aeróbico predominante. Por exemplo, nas provas acima de 1 500 m.

Resistência especial, de acordo com GROSSER seria a capacidade de resistir ao cansaço em cargas de elevada intensidade, com predominância do setor anaeróbico. Ao nosso ver esse conceito não é adequado, pois um corredor de 10 000 m necessita de uma "resistência especial" para essa distância, e esta seguramente é uma prova com predominância do setor aeróbico.

A melhor definição de resistência especial encontramos com DJAT-SCHKOV, que diz: "é a capacidade de resistir ao cansaço que se desenvolve no processo de uma determinada atividade esportiva". Com esse conceito percebe-se, então, que a resistência especial pode ser com predomínio aeróbico ou anaeróbico, dependendo da prova. O ideal é considerá-la como uma mistura de resistência aeróbica e anaeróbica, cuja quantidade de uma ou de outra será diferente para as várias provas. Com relação à quantidade de energias aeróbica e anaeróbica que se utilizam durante as provas de corridas, foram feitas várias pesquisas; por coincidência três autores chegaram a idênticas conclusões. SUSLOV da Rússia, IKAI do Japão e MUNCHINGER da Suíça tiveram resultados parecidos, dando o seguinte quadro em percentuais:

Provas	100	200	400	800	1.000	1.500	5.000	10.000	MARATONA
COMPONENTE AERÓBICO %	5	10	15/20	35	50	65	90	95	99
COMPONENTE ANAERÓBICO %	95	90	80/85	65	50	35	10	5	1

Deve-se observar, porém, que esses valores não têm tanta importância para o treinamento, apenas para as tendências do treino. É claro que um corredor de 400 m não usará 85% de treinamento anaeróbico e somente 15/20% de treino aeróbico, e precisará de muito mais treinamento aeróbico como formação básica do treino.

Na resistência especial existem as subcategorias: resistência de velocidade; resistência de *sprint* e resistência de força.

A resistência de velocidade é a capacidade de resistência ao cansaço em esforços de intensidade submáxima, com obtenção preponderante de energia anaeróbica e máximo débito de oxigênio, por exemplo, nos 400 m, 800 m, 400 m com barreiras.

116

Resistência de sprint é a capacidade de resistência ao cansaço em esforços de intensidade máxima e ótima freqüência de movimentos, que permite ao organismo manter o maior tempo possível a fase da mais alta velocidade. Por exemplo, nas provas de 100 m, 200 m, 100 m com barreiras, 110 m com barreiras.

Como se pode observar, a resistência de velocidade e de *sprint* são parecidas, mas não são idênticas. Na resistência de velocidade se trabalha numa intensidade submáxima, e na resistência de *sprint* a intensidade é máxima.

A função de resistência de *sprint* é manter a velocidade máxima até o final da corrida, contudo isso nunca é possível. Uma segunda função da resistência de *sprint* é impedir que ocorra uma grande queda da velocidade no final da corrida; e pode se medir a resistência de *sprint* através de aparelhos bastante complexos de grande utilidade para o treinamento, porém de uma forma empírica. Podemos fazer da seguinte forma: verificação da resistência de *sprint* num corredor de 200 m; toma-se o melhor tempo do corredor nos 100 m e multiplica-se por 2; compara-se o resultado com o tempo sobre os 200 m e determina-se a diferença, que nada mais é do que sua resistência de *sprint*. Por exemplo, se um corredor tem 11"0 nos 100 m e corre os 200 m em 22"8, temos:

$$RS = T\,200 - 2 \times t\,100$$
$$RS = 22"8 - 2 \times 11"0$$
$$RS = 22"8 - 22"0$$
$$RS = 0,8" \text{ (segundos)}$$

PETROVISKI da Rússia considera como "bom" quando a resistência de *sprint* tem valores menores que 0,4 (4 décimos de segundos), acima disso, ele considera "ruim".

Para moças e juvenis, estabeleceram-se resultados entre 0,6 e 0,7 s; conclui-se, então, que quanto menor a diferença tanto melhor a resistência de *sprint*.

A resistência de velocidade nos 400 m também pode ser medida da mesma forma, medindo-se os tempos parciais dos primeiros duzentos metros e o tempo dos segundos duzentos metros; portanto quanto menor a diferença melhor é a resistência de velocidade. A outra subcategoria da resistência especial é a resistência de força, que é uma capacidade de resistir ao cansaço de determinados grupos musculares, com repetidas contrações desses músculos. Por exemplo, nas diferentes provas de *sprint*, 800 m, 1500 m.

A resistência de força pode ser aeróbica e anaeróbica. Considerações já foram feitas no tema sobre Força.

MÉTODOS DE TREINAMENTO DA RESISTÊNCIA AERÓBICA

Corridas de duração

Corridas ininterruptas realizadas na natureza, que vão de 3 a 30 km ou mais. Considerações sobre essa forma foi feita no capítulo sobre Métodos de Treinamento.

Esse método tem inúmeras variantes (de acordo com STEINNMANN):

1.ª variante – Corrida com respiração consciente. Percorre-se uma certa distância com um ritmo respiratório, por exemplo, 3 passos inspirando, 5 passos expirando.

2.ª variante – Corrida de duração com grande intensidade e volume pequeno. Segundo SUSLOV, o pulso deverá estar entre 150 e 190 por min. São corridas de 2 a 4 km em ritmo bastante elevado.

3.ª variante – Corrida com intensificação de tempo individual. Deixa-se à sensibilidade do atleta o ritmo a percorrer, podendo o executante variá-lo de acordo com sua vontade, trotando, acelerando, andando rápido, etc.

4.ª variante – Corrida de duração com intensidade fixa. O ritmo é preestabelecido conforme o plano de trabalho, por exemplo, correr 6 km em 24 min.

5.ª variante – Corrida de duração em terreno acidentado. Muito utilizado na preparação do *cross country*. Aproveita-se os obstáculos naturais (valas, troncos, etc.).

6.ª variante – Corrida de duração com "estações". É um misto de corrida com pausas para ginásticas, saltos, acelerações. É utilizado para os iniciantes, pentatletas, decatletas, jogadores de futebol, e outros esportes coletivos.

Interval-training

Idealizado por GERSCHLER e REINDELL na Alemanha, por volta de 1950. Consiste na repetição de distâncias curtas com relativa velocidade, intercaladas com pausas de recuperação (pausas vantajosas). Na pausa está o estímulo para a hipertrofia do coração, por isso deve-se fazer muitas pausas vantajosas. No final da corrida o pulso deve ir a 170-180 batimentos por minuto e, após a pausa vantajosa, voltar a 120-130 batimentos por minuto. As distâncias mais utilizadas são as de 100 m, 200 m e 400 m, sendo esta última pouco usada. As pausas não devem ser muito longas, não devendo ser superiores a 90 s, sendo os primeiros 30 segundos de grande importância, porque aí se verifica a maior necessidade de oxigênio.

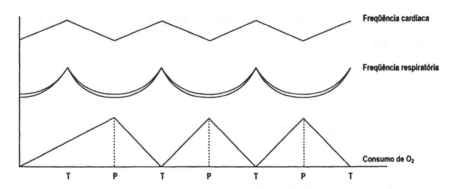

Figura 10.8 - Comportamento da freqüência cardíaca, da freqüência respiratória e do consumo de oxigênio durante um treinamento intervalado

Não existem dados concretos quanto ao número de repetições. O ideal é parar o treino quando o movimento perder o "tempo elástico", ou quando a pulsação no final da pausa não atingir 120-130 batimentos por minuto.

Exemplo:

Corredores de 1/2 fundo		Corredores de fundo	
Distância	Tempo	Distância	Tempo
200 m	13-15 s	100 m	14-16 s
200 m	30-32 s	200 m	30-33 s
400 m	66-72 s	400 m	68-74 s

Fart-lek

Idealizado na Suécia por HOLMER, essa forma tem como característica a corrida em bosques, campos, etc., que se realiza com variações da velocidade. Existe uma prévia programação geral, porém a execução vai se desenvolvendo de acordo com as sensações do esportista.

Exemplo de um treino *de fart-lek:*

Trote de 10 a 15 min; 1-2 km com ritmo mais elevado; trote de 5 min; 5 subidas de 100 m, com a volta trotando; 3 corridas no plano acelerando; trote de 5 min; 200-400 m, ritmo mais elevado, com trote na mesma distância, repetir 4 vezes; trote de 5 min, 1-2 km, ritmo mais forte; trote final de 10-15 m.

Jogo de corrida polonês

É uma variação do *fart-lek* sueco. Apresenta as mesmas características de corridas, além de exercícios ginásticos, e outros esquemas apresentados a seguir.

Primeira parte: aquecimento.

Segunda parte: corridas rítmicas em distâncias curtas (15-20 min).

Terceira parte: corridas rítmicas em distâncias longas (15-25 min).

Quarta parte: volta à calma (30 min).

Corridas de duração intervalada

São corridas de duração entrecortadas por pausas, normalmente andando. É ideal para se iniciar um treinamento de resistência. Por exemplo, 1 km correndo, 1 km andando e novamente 1 km correndo, e assim por diante. Aos poucos deve-se ir aumentando as distâncias de corrida (duração) e diminuindo as pausas.

Corridas de controle ou corridas de teste

São corridas cronometradas em distâncias maiores do que as de competição, a fim de verificar a resistência específica.

Exemplo: corredor de 1 500 m;

corrida de teste em 5 000 m;

ou corrida de teste em 4000 m no bosque ou terreno variado.

Corridas de *cross country*

Corridas em forma de competição em bosques, campos, lugares acidentados em distâncias de 3 a 12 km.

Treinamento em circuito

Realizado por *tempo fixo*, isto é, dá-se um tempo de execução em cada estação e uma pausa entre as estações. Dessa forma, deve-se realizar grande quantidade de repetições, possibilitando uma resistência aeróbica localizada.

Exemplo: $3 \times 30" \times 30"$, isto é, 3 passagens de 30 s de exercícios, com 30 s de pausa entre as estações. Entre cada passagem deve-se dar uma pausa maior, 4-6 min.

MÉTODOS DE TREINAMENTO DA RESISTÊNCIA ANAERÓBICA

Corrida de duração com grande intensidade e pequeno volume

Exemplo: Corrida de 1, 2, 3 min, etc.

Corridas de tempo

Segundo HOLLMANN, são corridas realizadas com intensidade (máxima e submáxima de 80 a 100%), com duração aproximadamente entre 20 e 120 s (de 200 a 600 m). Para se conseguir uma carga sempre elevada devem-se realizar pausas suficientemente longas entre as corridas (de 5 a 20 min). Nessas corridas verifica-se um baixo valor de pH no sangue, provocando sensações desconfortáveis, que progressivamente vai acostumando o organismo a esse tipo de cansaço. TONI NETT denomina essas corridas de *corridas de repetição*.

Exemplo: 6×300 m em 43-45 s. Intervalo entre cada uma de 4 min, ou 100-150-200-300-200-150-100 com pausas de 3, 4 e 5 min.

Corridas de tempo intervaladas

São corridas realizadas em distâncias relativamente curtas, a uma intensidade bastante elevada, com pequenas pausas de recuperação. Esse tipo de

Teoria e prática do TREINAMENTO ESPORTIVO

treino provoca altos débitos de oxigênio (débito latácido), produzindo um "ambiente ácido" que vai dificultando o trabalho. Isso acostuma o atleta a trabalhar em condições desfavoráveis.

Exemplo: 4×150 m em 17-18 s com pausa de 1,30 min. Pausa de 10 min.

4×150 m em 17-18 s, pausa de 1,30 min,

ou $3 \times 5 \times 100$ m em 12-13 s, pausa de 1,30 min.

Pausa entre as séries, 6 min.

Corridas com variação de velocidade

Consiste na realização de mudanças de velocidade em um mesmo trecho. Existem dois tipos dessas corridas: *corridas de sprint intervaladas* e *ins and outs*.

No primeiro caso as distâncias são maiores e os trechos também. As corridas são em "intensidade máxima". Por exemplo, 150 m (30 m forte, 30 m trotando) ou 1 000 m (50 m forte, 50 m trotando). Na segunda forma, as distâncias são menores e, segundo LETZELTER, nos *ins* a corrida é com força total e os *outs* são como corridas livres, soltas. Por exemplo, 100 m (10 m forte, 10 m, fraco), ou 80 m (20 m forte, 20 m fraco).

Segundo OSOLIN, essas corridas com variação de velocidade produzem melhores rendimentos, quase que o dobro do que a forma convencional de corridas de tempo com intensidade submáxima. Isso se deve, sobretudo, porque nessa forma de treino há uma grande solicitação da coordenação e da força de aceleração, sendo a forma mais aplicada atualmente.

Corridas em morros

São corridas realizadas em subidas, onde se acentua o trabalho de resistência de força. As distâncias podem ser curtas (30-50 m) e longas (150-200 m). Podem ainda ser realizadas dentro do princípio de intervalos, por exemplo, 5×150 m, em subida, pausa, regresso andando.

Corridas de controle ou corridas de testes

Têm o intuito de verificar a forma do atleta, sua resistência específica para as competições. Normalmente, é realizada em uma distância menor do que a da prova.

Exemplo: corredor de 1 500 m;

corrida de 1000 m (teste);

corredor de 800 m;

corrida de 600 m (teste);

corredor de 200 m;

corrida de 150 m (teste).

Resistência motora

Treinamento em circuito

Também pode melhorar a resistência anaeróbica, principalmente quando se organiza o circuito com número fixo de repetições em cada estação, e não existe pausas de recuperação entre elas.

Corridas de sprint com grande volume

Forma idealizada por ZACIORSKI e utilizada pelo técnico russo PETROVISKI na preparação do campeão olímpico BORSOV.

Consiste em grande número de repetições de distâncias curtas com intensidade elevada.

Exemplo: 12 × 60 m a 95% de intensidade. Pausa de 2-3 min.
entre cada uma.
10' de pausa
12 × 60 m a 95% de intensidade. Pausa de 2-3 min.

MÉTODOS DE TREINOS DE CORRIDAS
(escola americana)

Treino de *sprint*

Envolver a repetição de *sprints* curtos como meio de preparação para corridas curtas. Desde que *sprint* significa correr na mais absoluta velocidade, não pode existir um fenômeno de *"sprint* fácil". Quanto maior for a velocidade da corrida, maior é o tamanho da passada.

Saindo de uma posição estática, se requer cerca de 6 s para acelerar até a velocidade máxima. Os *sprinters* devem, então, correr pelo menos 55 m para se alcançar velocidade máxima. Os grandes velocistas alcançam a velocidade de 11 m/s aproximadamente.

O efeito de treino alcançado pelo treino de *sprint é* o desenvolvimento da velocidade e da força muscular.

Treinamento de corrida contínua "moderada"

Refere-se ao treinamento de longa distância com uma velocidade relativamente baixa. As distâncias variam de acordo com a prova do atleta. Por exemplo, um corredor de 1 500 m deve correr de 3 a 5 vezes a distância de competição ou mais. Um corredor de 3 000 m corre de 9 a 18 km e um corredor de 10 000 m corre de 18 a 30 km, de forma moderada e contínua.

A freqüência cardíaca é cerca de 150 por minuto durante esse tipo de treino, e a velocidade depende da "habilidade" do atleta. Por exemplo, 5 min por km deve ser suficiente para um iniciante sem "experiência". Esse treino provoca uma melhora da resistência aeróbica e é a melhor forma de aumentar o volume sistólico do coração, capilarização da musculatura e melhora do aparelho circulatório.

Esse treino representa a 1.ª etapa na adaptação ao treinamento de corridas longas. Essa forma de treino não deve ser cronometrada e, por razões psicológicas, é usualmente realizado em bosques, campos de golfe,

ou estradas, mas podem também ser realizados na pista, quando não houver estas possibilidades.

Treinamento de corrida contínua "rápida"

Essa forma difere da forma anterior em termos de velocidade da corrida. Pelo fato dela ser maior, a fadiga chega mais cedo. As distâncias de corridas freqüentemente são maiores que as de competição, mas não tão longas como as do treino anterior. Por exemplo, um corredor de 800 m deve correr de 1 200 m a 2 500 m e repetir essa distância de 2 a 4 vezes, recuperando-se entre elas, andando ou trotando 5 min.

Embora varie com as diferenças individuais, o ritmo é suficientemente veloz para elevar o batimento cardíaco acima de 150 p/min, às vezes se aproximando de 180 durante a parte final do percurso. Esse treino procura gradualmente condicionar o organismo para tolerar um débito de oxigênio mais elevado, quando se corre com velocidades maiores.

Interval training (corrida intervalada)

É uma forma de treinamento envolvendo uma padronização de corridas rápidas alternadas com corridas lentas; simplificando, é uma corrida rápida-lenta.

São encontradas 5 variáveis no *interval training* e podem ser lembradas com o código DIRTA:

1. a distância das corridas rápidas;
2. o intervalo de descanso ou recuperação entre as corridas rápidas;
3. o número de repetições das corridas rápidas;
4. o tempo das corridas rápidas;
5. o tipo de atividade durante a recuperação.

A 5.ª variável, ou seja, a atividade entre as corridas rápidas é usualmente empregada para andar ou trotar.

O interval training envolve a repetição de corridas em uma determinada distância, com uma velocidade preestabelecida, com um descanso após cada corrida, recuperando-se através do uso de uma atividade específica (andar ou trotar) durante o intervalo entre as corridas rápidas. Esse tipo de treino normalmente tem lugar na pista, com as corridas rápidas sendo cronometradas. A qualidade do trabalho é maior na corrida intervalada do que na corrida contínua.

Exemplos de *interval training*: 10 × 100 m em 14 s com 100 m de trote de recuperação entre cada um, ou 10 × 600 em 2 min com 200 m de trote de recuperação. Contudo seus efeitos serão diferentes quanto às possibilidades de se desenvolver a resistência aeróbica ou resistência anaeróbica. Por essa razão, uma distinção cuidadosa deve ser feita entre *"interval training* rápido" e *"interval training* lento".

Interval training lento

É executado para desenvolver a resistência aeróbica. O ritmo da corrida é mais rápido do que na corrida de treino de corridas rápidas, contribuindo, assim, para adaptar o atleta a correr num esforço mais intenso. Nessa forma de treino, o pulso eleva-se a aproximadamente 180 batimentos por minuto durante o esforço.

Utilizam-se distâncias de corrida até 800 m. Isso inclui repetições de 100, 200, 400 ou 800 m. O ritmo dos esforços pode ser empiricamente determinado das seguintes formas:

a) Adicionar 4 ou mais segundos ao melhor tempo dos 100 m do atleta. Por exemplo, se o melhor tempo de um atleta é 12 s nos 100 m, seu tempo para as repetições será de 12 + 4 = 16 s. Então 20 a 40 x 100 m em 16-18 s, com pausa de 100 m de trote em 45 s seria um trabalho de *interval training* lento.

b) Adicionar 6 ou mais segundos ao tempo dos 200 m do atleta, por exemplo, 200 m = 26 s, 26 s + 32 s. Então 10 a 20 x 200 m em 32-36 s, com trote de 200 m de pausa em 90 s entre cada esforço.

Teoria e prática do TREINAMENTO ESPORTIVO

c) Verificar a melhor velocidade média que um atleta pode manter para os 400 m, numa corrida de meia distância na qual ele espera competir, e adicionar 4 ou mais segundos.

Exemplo: Um corredor de 10 000 m cujo melhor resultado é 31 m 25 s (média de 75 s por volta). Seu treino pelo *interval training* lento será 75 + 4 s = 79 s (ou até um pouco mais fraco se ele o desejar). Então ele pode fazer 4 a 5 × 10 × 400 m em 80 s cada com trote de 100 a 200 m após cada 400 m. Deverá andar de 3 a 5 min após cada série de 10; outro exemplo, um corredor com 9 min nos 3 000 m rasos, 3 × 10 × 400 m em 75 s cada um, com 200 m de trote em cada esforço. Entre as séries, 5 min de descanso.

Interval training rápido

É usado com o intuito de desenvolver a resistência anaeróbica ou resistência à velocidade. É sempre usado depois de uma boa base de resistência geral (aeróbica). O coração deverá bater acima de 180 pulsações por minuto durante o esforço neste tipo de *interval training*. Desenvolve-se, assim, capacidade do corredor de retardar a fadiga na ausência de um adequado suprimento de oxigênio, e o organismo melhora a habilidade de tolerar os produtos ácidos da fadiga. Seu ritmo é mais intenso do que as outras formas de treinamento, o que resulta num estímulo mais poderoso para o metabolismo muscular; as repetições vão de 100 a 400 m. O ritmo durante a fase de esforço pode ser empiricamente determinado, conforme segue:

a) Para repetições de 100 m, adicione de 1,5 a 2,5 s no melhor tempo do atleta para essa distância com saída lançada. Por exemplo, se um atleta tem 12 s nos 100 m, seu tempo para repetições nessa distância será 12 + 1,5 s ou 2,5 s, que será igual a 13,5 a 14,5 s. Então 2 a 3 × 10 × 100 m em 13,5 - 14,5 s com trote de 100 a 200 m após cada um. Entre as séries andar de 3 a 5 min.

b) Para as repetições de 200 m, adicione de 3 a 5 s ao melhor tempo do atleta para essa distância com saída lançada. Por exemplo, melhor 200 m = 2,5,0 s + 3-5 s = 28,0-30,0. Logo, 3 a 5 × 5 × 200 m em 28-30 s; com 200 m de trote após cada esforço.

c) Para repetições de 400 m, verificar a melhor velocidade média que o atleta pode manter nos 400 m numa corrida de meia distância, e subtrair de 1 a 4 s. Por exemplo, se um atleta tem 4 min nos 1 500 m (média de 70 s cada 400 m) seu tempo na repetição dos 400 m será: 70-(1 a 4)= 66-69 s.

d) Pelo fato do ritmo ser menor nas corridas de longas distâncias, o tamanho das corridas de repetições deve se estender até 800 m durante o *interval training* rápido para atletas que competem nessas distâncias. Por exemplo, um atleta com 15,37,5 s nos 5 000 m (média de 2,30 por 800 m).

Resistência motora

Para esses atletas o ritmo nas repetições de 800 m será de 2,30 - 4 = 2,26. O trabalho será de 6-12 × 800 m em 2,26, com 400 a 800 m de trote após cada um.

Corridas de repetições

As corridas de repetições diferem do *interval training* em termos do tamanho da corrida rápida e do grau de recuperação que se segue após cada esforço. Isso requer repetições em distâncias comparativamente mais longas, com recuperação relativamente completa (normalmente cuidando).

As corridas com repetições são, usualmente, estabelecidas com repetições de distâncias como 800 m e 3 000 m, com descanso relativamente completo entre as repetições, durante o qual a freqüência cardíaca reduz-se bem abaixo de 120. Essas repetições em ritmo razoavelmente veloz, de acordo com os objetivos competitivos de cada um sobre distâncias que se aproximam da prova competitiva do atleta, tende a duplicar a duração do *stress* contido nas condições da corrida. A velocidade nesse tipo de treino determina se o benefício no treino é no sentido de resistência aeróbica ou anaeróbica.

Repetições em um ritmo consideravelmente mais baixo do que o ritmo de corrida tende a desenvolver a resistência, ou seja, a resistência aeróbica. Com um ritmo aproximado ao da competição, a corrida de repetição favorece mais ao desenvolvimento da resistência anaeróbica. Quando a corrida de repetição for realizada no ritmo da corrida que se pretende na competição, o tamanho dela não deverá exceder à metade da distância da corrida para qual o atleta está treinando. Pelo fato do ritmo ser mais rápido, esse tipo de treinamento tende a ser mais exaustivo que os demais meios de treinos.

Seria insensato especificar tempos de treinos na corrida de repetição, devido às diferenças individuais dos atletas. Contudo, algumas sugestões, a seguir, devem servir como um guia aproximado em termos da velocidade (ritmo) quando se usa esse tipo de treino.

a) Um corredor de 800 m deve correr 2 a 4 s, 600 m na média da corrida mais 1 a 3 s. Por exemplo, se o atleta tem 2 min nos 800 m (média de 60 s cada 400 m), então ele faz 1,30 cada 600 m mais 1-3 s = 1,31-1,33 s (2 a 4 × 600 m em 1,31-1,33).

b) Para um corredor de 1 500 m, devem-se realizar as repetições na média da corrida mais 3 a 4 s por 400 m. Se o atleta tem 4 min nos 1 500 m (média de 64 s por 400 m) ele deverá fazer 2 a 4 × 400 m em 64 s mais 3 ou 4 s, 67-68 s.

127

Teoria e prática do TREINAMENTO ESPORTIVO

c) Um corredor de 5 000 m deverá correr 5 a 8 × 1 000 m ou 3 × 4 × 1 500 m no ritmo médio da prova mais 3 s cada 400 m.

d) Um corredor de 10 000 m deverá correr 8 a 10 x 1 000 m ou 6 a 8 x 1 500 m ou 5 a 8 x 2 000 m no ritmo médio da prova mais 3 s cada 400 m.

Fart-lek ou jogo de velocidade

É uma forma de treino com traços da informal corrida lenta-rápida, em oposição a formal corrida rápida-lenta encontrada no *interval training*. Isso significa correr em ritmos alternados lentos e rápidos, preferivelmente (embora não necessariamente) em pisos naturais como campos de golfe, grama, bosques, campos, com ênfase básica na corrida rápida. As outras formas de treinos são informalmente combinadas no treino de jogo de velocidade sobre pisos variados. Essa forma de treino, estimulante psicologicamente, quando propriamente executada deve desenvolver as resistências aeróbica e anaeróbica e, ainda, uma hipertrofia muscular.

Essa forma de treino, conhecida como *fart-lek* (palavra sueca que significa brincar de correr) tem a desvantagem de falta de controle pelo técnico. Embora o atleta seja alertado, responsável, consciencioso e sem preguiça, o *fart-le k* é apto para degenerá-lo, tornando o treino um longo trote, impedindo o corredor dos benefícios do treino, que realmente será vantajoso quando for seriamente executado (WILT, 1964).

Existem inúmeras formas de treino que devem ser combinadas com inumeráveis meios. O seguinte exemplo é um trabalho de *fart-lek* que pode ser usado por um corredor de 1 500 metros. As distâncias são aproximadas:

a) trotar 10 min como aquecimento;

b) 5 min de exercícios de alongamento;

c) 2 × 200 m com ritmo de 75%; andar 5 min após cada um;

d) 4 a 6 × 150 m em forma de *sprint* intervalado (50 m, 50 de trote; 50 m veloz); andar 100 m após cada um;

e) 6 × 400 m a 50%; trotar 400 m após cada um;

f) andar 10 min;

g) 3 000 m de corrida em equilíbrio de oxigênio;

h) andar 5 min;

i) 8 a 12 × 100 m com aceleração progressiva; trotar 100 m após cada aceleração; andar 5 min.

j) 4 a 6 × 30 m de subida a toda velocidade; andar de volta após cada subida;

l) trotar 1 000 m para descontrair-se.

Sprints intervalados (*interval sprinting*)

O *sprint* intervalado é um método de treinamento por meio do qual o atleta alterna 50 m de *sprint* (velocidade máxima) e 50 m de trote até uma distância de 5 000 m aproximadamente. Segundo os americanos essa forma de treino serve para desenvolver a resistência aeróbica (de acordo com WILT, 1973). Após vários *sprints*, a fadiga aparece e inibe o atleta de correr na sua velocidade absoluta, o que exige um trote lento para se recuperar.

Aceleração de *sprint* (*aceleration sprinting*)

É uma aceleração gradual de trote passando por uma corrida normal (*striding*), seguido de um *sprint*. Por exemplo, um atleta pode fazer repetições de 50 m de trote, 50 m de corrida normal e 50 m de velocidade máxima; seguido de 50 m andando e repetir novamente. Outros exemplos se incluem, 60 m de trote, 60 m veloz, andar 60 m ou trotar 100 m, correr mais rápido outros 100 e outros 100 o mais veloz possível.

É importante que o atleta ande após cada aceleração, e esteja suficientemente recuperado para correr na velocidade máxima na próxima repetição. Esse tipo de treino é interessante para ser aplicado quando se está com clima frio, pois quando o atleta alcança a velocidade máxima subitamente, possibilita o risco de lesões musculares. Assim, acelerando gradualmente, o risco é menor.

Sprints no "vácuo" (*hollow sprints*)

Dois *sprints* seguidos por um vácuo e um período de recuperação trotando, por exemplo 50 m de *sprint*, 50 m de trote e 50 m andando, ou ainda, 100 m de *sprint*, 100 m de trote, 100 m andando para recuperação. Esse tipo de treino deve desenvolver a velocidade e a força muscular.

CONCLUSÕES

Parece lógico suspeitar que cada um desses tipos de treino tem pelo menos algum efeito sobre a velocidade, resistência aeróbica e resistência anaeróbica. No entanto, é sabido que os maiores benefícios do treino, nesses casos, são maiores em algumas formas do que em outras. A Tab. 1 ilustra a percentagem aproximada de desenvolvimento em cada um desses fatores, possivelmente resultante de vários tipos de treinos.

Admite-se, porém, que esses dados resultam das observações empíricas do autor, embora eles sejam baseados em algumas afirmações de pesquisas recentes.

Teoria e prática do TREINAMENTO ESPORTIVO

TABELA 10.1 – Percentagem de desenvolvimento (de acordo com WILT, 1974)

TIPOS DE TREINOS	VELOCIDADE	RESISTÊNCIA AERÓBICA ou resistência geral	RESISTÊNCIA ANAERÓBICA ou resistência de velocidade ou resistência específica
1. Treino *sprint*	90%	4%	6%
2. Corrida contínua moderada	2%	93%	5%
3. Corrida contínua rápida	2%	90%	8%
4. *Interval training* lento	10%	60%	30%
5. *Interval training* rápido	30%	20%	50%
6. Corridas de repetições	10%	40%	50%
7. *Fart-lek*	20%	70%	10%
8. *Sprints* intervalados	20%	70%	10%
9. *Sprints* no vácuo	85%	5%	10%

TABELA 10.2 – Recomendações para o treinamento de acordo com
as distâncias de corridas (segundo WILT, 1974)

PROVA	VELOCIDADE	RESISTÊNCIA AERÓBICA	RESISTÊNCIA ANAERÓBICA resistência de velocidade ou resistência específica
Maratona	5%	90%	5%
10 000 m	5%	80%	15%
5 000 m	10%	70%	20%
3 000 m	20%	40%	40%
1500 m	20%	25%	55%
800 m	30%	5%	65%
400 m	80%	5%	15%
200 m	95%	3%	2%
100 m	95%	2%	3%

Quando um atleta já possui uma "base" de condição física e adquiriu uma resistência aeróbica fundamental, a qual produziu uma adaptação gradual no organismo ao *stress* da corrida, seu treinamento durante o

130

Resistência motora

período que antecede à competição e durante a época de competição deve conter o esforço específico, de acordo com a necessidade de velocidade, resistências aeróbica e anaeróbica da corrida de competição. WILT (1974) é de opinião que os atletas de meio fundo e fundo, sem considerar as necessidades aeróbicas ou anaeróbicas da prova, devem incluir pelo menos algumas sessões de treinos de velocidade. A Tab. 10.2 reflete as recomendações pessoais de WILT, podendo servir de guia para as porcentagens de velocidade, resistências aeróbica e anaeróbica a utilizar no treinamento.

Segundo o mesmo autor, embora as competições de corridas sejam um dos esportes competitivos mais velhos, sua história em termos de "medidas" é relativamente nova. A aplicação de conhecimentos científicos no treinamento é um desenvolvimento recente, e foi introduzido de forma gradual, permitindo aos técnicos atuais uma procura de fundamentos científicos para basear seus métodos. Contudo ouve-se de treinadores promessas de resultados mágicos, completamente desamparados de fatores científicos.

O problema de como, quando e quanto correr no treinamento para se alcançar grandes resultados, ainda permanece obscuro. Porém, não há dúvidas que mais pesquisas fisiológicas conduzidas nessa direção são necessárias, se a arte do treinamento quiser ter mais bases científicas.

Capítulo 11

FLEXIBILIDADE

CONCEITOS

Entendemos por flexibilidade a capacidade de aproveitar as possibilidades de movimentos articulares o mais amplamente possível em todas as direções. Ela possibilita a execução de movimentos com grandes amplitudes de oscilação nas várias articulações participantes.

A flexibilidade constitui uma característica motora de primeira ordem para muitas modalidades esportivas, tais como ginástica olímpica, patinação artística, saltos na cama elástica, etc. No atletismo, a flexibilidade é requerida principalmente para os barreiristas, saltadores e lançadores de dardo.

Como as demais qualidades, a flexibilidade também sente falta de uma terminologia comum. Vários autores dão-lhe diferentes nomes e significados. GROSSER (1972) a denomina de *mobilidade articular*, em virtude de sua principal ação sobre as articulações, embora nunca esteja separada da elasticidade dos músculos, dos ligamentos, cápsulas, etc. Autores americanos usam a nomenclatura *flexibilidade* referindo-se tanto à capacidade das articulações como ao alongamento muscular. Outros denominam *flexibilidade* como uma *mobilidade corporal*, quer dizer, a soma das mobilidades de várias articulações. Achamos que esse termo, embora correto, seja apenas uma parte do complexo.

Em esportes, fala-se da flexibilidade mais no sentido de mobilidade articular, portanto a chamada amplitude pendular das articulações. Segundo HARRE (1974) a flexibilidade é "a capacidade dos homens de executar movimentos com grande amplitude pendular". Esse conceito, segundo FETZ, compreende um complexo músculo-neuro-fisiológico. Como significado para o rendimento esportivo, interessa-nos a flexibilidade, apenas como pura flexibilidade articular.

Uma boa flexibilidade se traduz por uma suficiente capacidade de movimentação do aparato articular e uma suficiente capacidade de alongamento muscular (elasticidade). Essa relação entre flexibilidade articular e elasticidade muscular não pode ser separada, contudo existem exercícios

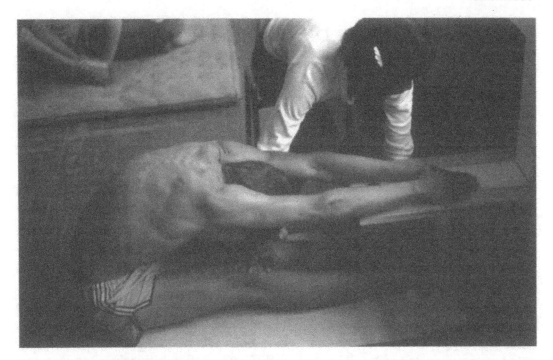

com maior atuação de uma ou de outra qualidade. A flexibilidade quanto a sua atuação pode ser *geral e específica*.

A flexibilidade é *geral* quando visa a movimentação global do indivíduo numa atuação conjunta de suas articulações. Dizemos que a flexibilidade é *específica* quando contém movimentos que localizam a articulação ou conjunto de articulações que serão solicitados na modalidade esportiva. Nessa forma de exercícios eles se "parecem" com a estrutura do movimento da modalidade.

A flexibilidade é determinada pelos seguintes fatores:

a) formas das superfícies articulares;

b) comprimento e elasticidade dos músculos, tendões e ligamentos que envolvem as articulações;

c) "irritabilidade" dos músculos;

d) condicionamentos biomecânicos;

e) idade;

f) fatores psíquicos.

De acordo com GROSSER (1972), atuariam como fatores inibitivos dos movimentos com grande amplitude: os tendões curtos; a resistência muscular dos antagonistas; massas musculares muito desenvolvidas, envolvendo as articulações; as forças externas; a deficiente força de contração do músculo; a pouca elasticidade muscular e ligamentar e alguma perturbação na inervação.

Teoria e prática do TREINAMENTO ESPORTIVO

O QUE AS PESQUISAS DIZEM DA FLEXIBILIDADE

Segundo SCHMIDT as tensões psíquicas têm visíveis influências sobre a flexibilidade. O excesso de tensões psíquicas provoca um enrijecimento da musculatura, influenciando muito negativamente a flexibilidade e o movimento. STEINBACH afirma, porém, que uma excitação emocional não muito forte (como por exemplo, "a febre de vencer") eleva a capacidade de trabalho e de rendimento da musculatura, auxiliando, assim, a maior amplitude de oscilações das articulações.

Para ZACIORSKI, FETZ, HARRE a flexibilidade é mais facilmente desenvolvida na infância e na juventude, do que na idade adulta. Dos 10 aos 17 anos é a faixa ideal para trabalhos de flexibilidade. ZACIORSKI afirma, ainda, que o cansaço físico proveniente de um treinamento pesado provoca uma elevação da tensão tônica, diminuindo a capacidade de trabalho dos músculos e, com isso, prejudicando a amplitude de movimento, pela diminuição da flexibilidade.

Juntamente com OSOLIN, ZACIORSKI, concluiu que o horário de treinamento tem grande influência sobre a flexibilidade, sendo que as horas da manhã são mais desfavoráveis que as outras horas do dia. Outras pesquisas afirmam que a temperatura externa também tem influência na flexibilidade. Quanto mais frio, pior é a flexibilidade, quanto mais alta a temperatura, melhor.

GROSSER realizou experiências para verificar a influência do frio e da hora do dia sobre a flexibilidade e chegou às mesmas conclusões citadas anteriormente.

IMPORTÂNCIA DA FLEXIBILIDADE

Maior amplitude dos movimentos

A flexibilidade permite aos movimentos de impulso e balanço uma amplitude maior de oscilação, facilitando a execução técnica. Por exemplo, na técnica da passagem da barreira; na técnica do rolo ventral, o "chute" da perna de oscilação estendida.

Perfeito relaxamento dos antagonistas

Se os músculos não estiverem suficientemente alongados, eles não se relaxam completamente.

A melhoria da técnica

Uma boa mobilidade reflete-se na qualidade da técnica, por exemplo, na amplitude das passadas nas corridas de velocidade e na aterrissagem do salto em distância e do triplo.

134

Preventivo de lesões

A prática tem confirmado que os atletas que possuem alto grau de mobilidade são os que menos se machucam. As lesões musculares são mais freqüentes nos atletas com mobilidade débil.

MÉTODOS DE TREINAMENTO DA FLEXIBILIDADE

A flexibilidade pode ser *ativa* e *passiva*. É ativa quando se alcança uma grande amplitude articular apenas pela atividade muscular, sem ajuda externa.

A flexibilidade é passiva quando uma grande oscilação articular é alcançada por ajuda de forças externas (aparelhos, parceiros, etc.), ou pelo próprio peso corporal.

Para FETZ e BALLREICH (1969) a flexibilidade pode ser treinada de forma *estática* e *dinâmica*.

Na forma estática alcança-se a maior amplitude possível e mantém-se nesta posição alguns segundos, relaxando-se em seguida. Na forma dinâmica usa-se balanceamentos e oscilações até o limite possível. Ambas as formas podem ser realizadas com o auxílio de um parceiro ou de aparelhos, e devem existir conjuntamente no treinamento.

Para ZACIORSKI (1974), no treinamento de flexibilidade a amplitude do movimento deveria ser um pouco maior que a solicitada no movimento da disciplina esportiva. Contudo ela não precisa ser exageradamente desenvolvida, sendo, até um certo ponto, o que garante a boa execução dos movimentos necessários sem prejuízos.

Em qualquer forma de treinamento da flexibilidade, deve-se ter bastante cuidado para não exceder os limites de extensibilidade dos músculos. No início, não se deve fazer uma exigência muito grande e deve-se evitar movimentos bruscos. Talvez fosse mais interessante iniciá-la com exercícios de forma estática, pois pode-se controlar a amplitude do alongamento;

depois, mais tarde, quando se tiver melhor amplitude, treinaríamos através de exercícios de forma dinâmica.

Após cada exercício, deve haver necessariamente uma descontração muscular (soltura da musculatura) e articulação, o que se consegue oscilando as extremidades. Essa descontração contribui para uma recuperação mais rápida depois de uma sobrecarga. Esses exercícios de flexibilidade devem constar de toda unidade de treinamento e podem ser aplicados no aquecimento, ou ainda após a parte principal, porém, nunca após trabalhos físicos cansativos.

Algumas observações a serem adotadas no treinamento da flexibilidade, são apresentadas a seguir:

1. Os exercícios devem ser executados diariamente.
2. Antes de se iniciarem os exercícios é necessário um bom aquecimento.
3. Cada exercício deve ser repetido suficientemente.
4. Após cada exercício, relaxar, "soltar" a musculatura.
5. Executar inicialmente exercícios de flexibilidade geral e depois os exercícios de flexibilidade específica.
6. Os exercícios de flexibilidade específica devem ser mais semelhantes possíveis às características das modalidades esportivas.
7. Devem ser utilizados em todos os níveis de treinamento.

Exemplos de exercícios de flexibilidade

Flexibilidade

Capítulo 12

COORDENAÇÃO MOTORA

CONCEITOS

A coordenação na atividade motora do ser humano é a harmonização de todos os processos parciais do ato motor, em vista do objetivo e da meta a ser alcançada pela execução do movimento (MEINEL, 1960). A palavra coordenação em si, significa "ordenar junto", e isso, para a fisiologia no que se refere ao trabalho muscular, é seguir certas regras de atividade muscular agonista e antagonista e dos respectivos processos do sistema nervoso. Por isso HOLLMAN e HETTINGER (1989) consideram a coordenação como "ação sinérgica do sistema nervoso central e da musculatura esquelética dentro de uma determinada seqüência de movimento". Muitas vezes o termo é denominado "coordenação neuromuscular". Distinguem-se dois tipos de coordenação motora: coordenação intramuscular e coordenação intermuscular.

Coordenação Intramuscular: é a cooperação neuromuscular dentro de uma seqüência de movimentos determinados, em cada músculo isoladamente. Diz relação à quantidade de unidades motoras colocadas em ação para realizar uma tarefa motora, ou seja, a correta quantidade de força desenvolvida.

Coordenação Intermuscular: é a cooperação dos diversos músculos em relação a uma seqüência de movimentos que se tem como objetivo. Aqui implica mais na correta seleção muscular para a realização de um movimento.

Na realização dos movimentos esportivos é preciso haver uma harmonização de todos os parâmetros do movimento com a respectiva situação do meio ambiente. Segundo MEINEL (1960), em toda realização de um movimento há um conflito com determinada situação do meio ambiente. Nesse caso, agem em conjunto as forças internas (forças musculares) e as forças externas (força de gravidade, atrito, inércia, resistência do ar, resistência da água, etc.). Essas forças devem ser adaptadas ao processo de coordenação. Por exemplo, na natação, a harmonização das forças musculares é sobre a resistência da água. Nos esportes coletivos, os adversários e parceiros trazem outras variáveis não previsíveis, porque suas ações são na maioria

Coordenação motora

da vezes autônomas, o que torna a coordenação bastante complexa nessas modalidades esportivas.

IMPORTÂNCIA DA COORDENAÇÃO

A coordenação tem grande importância para o domínio técnico e para a aprendizagem motora. Capacita um desportista a dominar movimentos complicados, e a aprender movimentos novos no menor tempo. Possibilita um poder de adaptação, de orientação, de percepção espacial, de percepção de tempo, de movimentos, capacidade de transferir movimentos, poder de equilíbrio, precisão, ritmo, etc.

Para HARRE (1974), nas modalidades técnicas que exigem altas solicitações de coordenação dos movimentos (corridas com barreiras, saltos, lançamentos) é muito importante destacar-se as capacidades de coordenação. Por esse motivo, ela deve ser desenvolvida por treinamento objetivo e sistemático.

HABILIDADE

A habilidade expressa um grau de coordenação dos movimentos que surgem na vida diária dos seres humanos e animais. Uma pessoa pode ter habilidades com as mãos, como um malabarista, um violinista ou uma habilidade esportiva, como a que possuem os atletas.

Segundo HIRTZ, a habilidade esportiva "é uma complexa característica de movimentos de coordenação para aprender num tempo mais curto outros movimentos esportivos".

SCHMOLINSKY (1971) considera a habilidade esportiva necessária a todos os esportes, nos quais participa todo o corpo e é solicitada nos movimentos com grandes grupos musculares. Ele distingue dois tipos de habilidade: *habilidade geral*, que é a capacidade de executar movimentos coordenados de forma rápida, com mudanças de direções de modo seguro e suave, assim como movimentos de finta de todo o corpo; *habilidade especial* é a capacidade de executar movimentos com alto grau de coordenação no decorrer de uma atividade esportiva. É necessário se ter uma base de habilidade geral para se desenvolver sistematicamente a habilidade especial.

A habilidade geral é dominar movimentos complicados, aprender rapidamente novas técnicas e adaptar-se a situações variadas. Permite organizar da melhor forma possível uma composição complexa de qualquer movimento, de modo que as partes sejam coordenadas entre si, permitindo que as partes do corpo trabalhem adequadamente na expressão do movimento.

Características fisiológicas

Correta seleção muscular

Os movimentos são limitados aos músculos realmente necessários para o movimento, "desligando" os movimentos colaterais, que não servem ao objetivo.

Correta aplicação das forças

Existe uma determinação exata da força necessária ao trabalho.

Correta seqüência nas entradas das forças

Garante a economia do movimento, visando obter maior rendimento possível.

Segundo SCHMOLINSKY (1971), essas características trazem em si as seguintes conseqüências: capacidade de coordenação acima da exigência normal na execução de vários exercícios; excelente poder de orientação em todas as fases do movimento da modalidade esportiva; bom poder de adaptação sob diferentes condições (clima, instalações, material esportivo); alta estabilidade de equilíbrio, mesmo com imprevistos durante a execução (barulho, vento, chuva, adversário, etc.).

QUANDO SE DEVE DESENVOLVER A HABILIDADE

Para MATVEIEV e KOLOKOVA as idades de criança e jovens têm as melhores oportunidades para o desenvolvimento da coordenação.

FILIN aconselha que se desenvolva a habilidade a partir dos 6 anos.

HOFMANN, GRUNDMANN, HIRTZ indicam a idade pré-escolar e escolar como ideal para um trabalho de desenvolvimento da habilidade.

Como vemos, é um critério unânime de todos os autores um trabalho orientado nas idades de criança, para um acúmulo de experiências motoras que possibilitarão mais tarde um lucro bastante alto no aprendizado de técnicas mais difíceis.

COMO DESENVOLVER A HABILIDADE ESPORTIVA

Como já vimos, devemos desenvolver na infância a habilidade geral, pois ela será uma base para a habilidade especial. Na idade adulta quase não é possível desenvolver a habilidade geral em altos níveis. Por isso, deve-se oferecer às crianças e jovens múltiplas experiências de movimentos.

Deve-se possibilitar às crianças e jovens a prática de grandes quantidades de movimentos, os mais variados possíveis. Aplicamos exercícios com várias tarefas, de forma a desenvolver a capacidade de combinaçãc dos

Coordenação motora

mesmos e ainda exercícios que as capacitem a reagir rapidamente e de forma correta a situações imprevistas.

Exemplos de atividades que desenvolvem a *habilidade geral*, apresentadas a seguir.

1. Jogos esportivos: basquetebol, futebol, voleibol, handebol.
2. Ginástica de aparelhos: barra, solo, paralelas, argolas, saltos.
3. Formação multilateral em atividades básicas: corridas com barreiras, salto em altura, salto com varas, etc.
4. Exercícios "desacostumados": correr para trás, lateralmente, correr saltando, salto em distância para trás, salto em distância com uma perna só, etc.
5. Exercícios de tronco e extremidade: circundações, balanceamentos, lançamentos, etc.

No desenvolvimento da *habilidade especial*, deve-se ensinar muitos movimentos diferentes que tenham estruturas semelhantes, como variações da técnica, saltos de todas as formas e partes técnicas de modalidades semelhantes.

Exemplo de atividades:

1. Treinar a modalidade esportiva em condições desfavoráveis, como por exemplo saídas em subidas, corridas de velocidade na areia, saltos na grama, etc.
2. Treinar em situações que se alternam continuadamente, como correr a favor e contra o vento; lançar implementos leves e pesados, usar diferentes tipos de sapatos, etc.
3. Variar as medidas e lugares regulares da prática esportiva: passar barreiras estando próximas umas das outras, lançar disco do círculo de arremesso do peso, jogar em campo reduzido, etc.
4. Variar a execução habitual de determinados exercícios: levantar pesos em diferentes formas, saltar saindo de posição extravagante, correr saindo de várias posições, saltar e arremessar com técnicas antigas, etc.
5. Realizar treino de "espelho", isto é, lançar com a direita e com a esquerda; saltar com a perna direita e com a perna esquerda, etc.
6. Efetuar mudanças de velocidade nos exercícios, como lançar 5 discos o mais veloz possível; arremessar 10 bolas à cesta o mais rápido possível, etc.

Uma consideração importante a fazer no treino da habilidade é que esta deve ser realizada no início do treinamento, pois com o cansaço ela é

Teoria e prática do TREINAMENTO ESPORTIVO

sensivelmente prejudicada. Pode-se dizer que sem um treinamento sistemático da habilidade, pouco ou nenhum progresso deve ser esperado na formação técnica de um atleta de alto nível, especialmente nas modalidades em que o grau de coordenação é bastante elevado.

NORMAS PARA SE DESENVOLVER A HABILIDADE ESPORTIVA

1. Não realizar trabalhos de coordenação em estado de fadiga.

2. Colocar na parte inicial do treinamento os movimentos que exijam altas solicitações neuromusculares.

3. Introduzir sempre novos elementos, para uma aquisição contínua de experiências motoras.

4. Seguir uma escala pedagógica racional no aprendizado da habilidade, isto é, do simples para o complexo, do lento para o veloz, do conhecido para o desconhecido, do pouco para o muito.

5. Não realizar períodos de descanso muito longos entre um treinamento e outro, para não sofrer solução de continuidade na aprendizagem.

Capítulo 13

EQUILÍBRIO MOTOR

Do ponto de vista da *Física*, as condições mecânicas que regem o equilíbrio do corpo humano são iguais às que regem os outros corpos, isto é, todo corpo está em equilíbrio, quando não há forças que provoquem movimento de translação ou de rotação; ou ainda quando todas as forças atuantes sobre o corpo se anulam, quer dizer, a resultante é igual a zero.

Em esportes, o equilíbrio motor tem um papel decisivo como na ginástica olímpica, esqui, patinação artística, saltos ornamentais, etc.

Para FETZ o equilíbrio desempenha papel importante no desenvolvimento elevado das qualidades físicas básicas.

Nos homens o equilíbrio se processa por complexos mecanismos de regulação, que se originam no labirinto do ouvido interno (utrículo e canais semicirculares). Com isso, vemos que a chave do equilíbrio está na posição e movimentos da cabeça. Também os órgãos sensoriais, aparelho de Golgi, receptores articulares, contribuem para manter o equilíbrio, através de uma compensação das tensões musculares. O equilíbrio motor se aperfeiçoa através do treinamento, sendo o ideal iniciar desde cedo, em idades jovens, equilibrando objetos e o próprio corpo. Por exemplo, caminhar sobre uma trave ou sobre uma superfície reduzida, equilibrar em diferentes posições na paralela, sobre o plinto, etc.

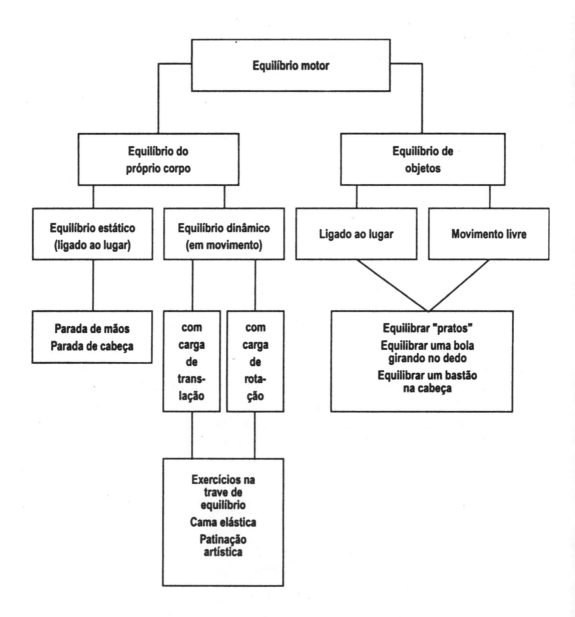

FIGURA 13.1 - Equilíbrio motor (segundo Fetz e Ballreich, 1976).

Capítulo 14

CAPACIDADE DE INTELIGÊNCIA MOTORA

CONCEITOS

É uma característica de rendimento sensorial psicológico. Essa característica é bastante importante, porque sem um poder de assimilação intelectual correspondente à determinada tarefa, o alcance de um certo rendimento estará fora de cogitação. O fator inteligência é de importância decisiva no aprendizado, pois coloca "o pensamento consciente numa nova solicitação de uma capacidade de adaptação mental geral, em novas tarefas e trabalhos" (HEHLMANN). Ela é importante no processo educativo em que se exige a concentração numa tarefa nova, aprendizado ou melhora de uma técnica e no abandono consciente de erros anteriores.

O ideal é poder variar as capacidades de adaptação mental de acordo com a situação. Por exemplo, quando um atleta compreende o movimento explicado pelo técnico e o repete mental e fisicamente; ou quando o atleta consegue aplicar um movimento aprendido sob condições facilitadas, transferindo-o para situações dificultadas ou vice-versa.

Outra situação da capacidade de inteligência é quando um atleta, numa competição, domina qualquer situação climática ou qualquer possível situação que se apresente.

Em esportes individuais, principalmente, é de grande importância o poder de atenção. Aqui, a atenção é dirigida a determinados componentes como, por exemplo, em pensamentos, percepções, forças psíquicas, etc., com o desligamento de interferências internas ou externas (HEHLMANN).

> Os profissionais do esporte que pensam poder ter um grande sucesso na sua atividade, só pelo conhecimento dos aspectos específicos do seu esporte, correm o risco de sofrer uma grande desilusão. Não é preciso se um super dotado para mandar alguém correr vários quilômetros, realizar muitos saltos, fazer centenas de abdominais. Essa é a parte mais fácil da função. Treinar é uma atividade que envolve pessoas e é preciso desenvolver a capacidade de trabalhar com elas.

Capítulo 15

APRENDIZAGEM DE HABILIDADES MOTORAS

CONCEITOS

Todo esporte apresenta dois aspectos para atingir seu rendimento específico: a técnica dos movimentos deste esporte e a intensidade com que são realizados estes movimentos.

A parte técnica está relacionada com a seqüência de movimentos e posições baseadas em leis biomecânicas, e a intensidade com que se realiza esses movimentos diz respeito à preparação física (velocidade do movimento, força aplicada, etc.).

Quando se fala em técnica, tem-se a noção de "movimentos", e freqüentemente usa-se o termo "motor" ou "motriz". Assim, falamos em velocidade motora, quando queremos expressar a velocidade de movimentos.

Para aprendermos uma técnica qualquer estamos realizando uma aprendizagem motora. Qual a característica dessa aprendizagem motora? Para respondermos essas indagações, temos de entender os seguintes aspectos: toda movimentação da musculatura esquelética é regulada pelo *sistema nervoso central*, que coordena os impulsos que lhe chegam, propiciando respostas específicas para cada estímulo.

Todo movimento novo, apresentado verbalmente ou demonstrado pelo professor (visualmente), é um estímulo que é levado ao cérebro através de uma excitação. Essa excitação vai para um determinado campo do *córtex cerebral*. Aí, se processa uma ordem que é transmitida aos músculos e estes a executam.

O córtex cerebral é uma vasta área de armazenamento de informações. Aí são estocadas as experiências anteriores e também os padrões de respostas motoras, cujas informações podemos dispor em qualquer ocasião.

Como o movimento esportivo é um estímulo novo, desconhecido do organismo, a excitação amplia-se para os campos vizinhos, provocando a execução de outros movimentos colaterais, que são desnecessários à realização do movimento desejado. Esse processo chama-se *irradiação* da excitação.

Com a repetição dos movimentos, os centros de excitação vão sendo limitados, desenvolvendo-se um processo de *inibição*.

146

Aprendizagem de habilidades motoras

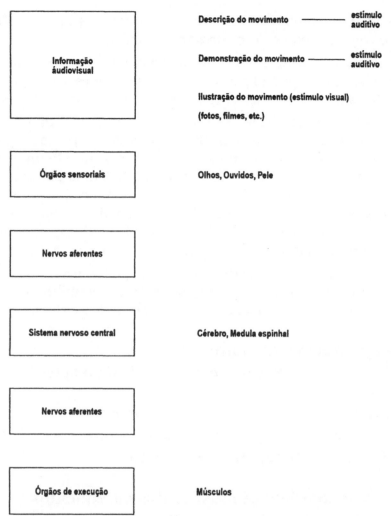

Figura 15.1 - Processamento da informação para a execução do movimento

Vão desaparecendo, assim, aqueles movimentos desnecessários, porque há uma diferenciação no processo de excitação e inibição. Com a evolução do treinamento, esses processos de excitação e inibição tornam-se relativamente independentes entre si. Há uma concentração desses processos em determinados centros do córtex cerebral. Dessa forma os movimentos são realizados de uma forma bem determinada, com a participação apenas dos grupos musculares necessários, com um desligamento dos demais.

Com a repetição dos movimentos forma-se uma automatização, permitindo um domínio seguro na execução do movimento. Com isso atingiu-se um *estereótipo dinâmico motriz*.

A rapidez da aprendizagem, desde a apresentação do movimento até se atingir o estereótipo dinâmico motriz, depende de vários fatores, entre os

Teoria e prática do TREINAMENTO ESPORTIVO

quais destacamos: a complexidade do movimento, as condições do executante e dos conhecimentos do professor ou técnico.

Convém ressaltar, no entanto, que aprender correta e perfeitamente um movimento complexo pode levar bastante tempo. Nesse caso, é necessário se ter paciência e perseverança para se atingir os objetivos propostos.

Aprenderá mais rapidamente aquele que tiver uma formação multilateral e um alto nível de qualidades físicas básicas. As pessoas que tiveram muitas experiências motoras, aprendem muito mais rápido um movimento. Diz-se que elas possuem maior *plasticidade*, que é uma particularidade do cérebro que capacita os indivíduos a realizar novas relações reflexas e modificar as que já existem. Portanto, quanto maior e mais versátil for o campo de estereótipos dinâmicos adquiridos na sua formação, pode um indivíduo aprender ou modificar mais facilmente e rapidamente uma técnica desportiva.

Isso justifica a importância de um trabalho generalizado na infância em proporcionar uma riqueza de movimentos que possibilitará, mais tarde, uma aprendizagem mais eficiente de uma técnica desportiva.

Fases da aprendizagem motora

MEINEL (1960) destaca três fases que se sucedem no aprendizado de um movimento:

Primeira fase: *coordenação rústica dos movimentos;*

Segunda fase: *coordenação fina dos movimentos;*

Terceira fase: *estabilização dos movimentos.*

Primeira fase: coordenação rústica dos movimentos

Quando alguém vai aprender uma seqüência de movimentos, nota-se que estes são deficientes, não concordam, os membros não obedecem à condução desejada. Essa é uma característica geral de todo movimento realizado pela primeira vez. A execução é defeituosa e "grosseira".

Nessa coordenação "grosseira", rústica, visualizamos um excesso de gastos e um déficit em qualidade. Exemplo típico: quando aprendemos a guiar.

Não existe um bom equilíbrio entre os processos de excitação e inibição no córtex cerebral. Os processos de excitação irradiam-se, dispersando-se sobre regiões e, por isso, são intervalados outros músculos que não são necessários para o movimento (movimentos colaterais), o que leva a um rápido cansaço. Essa fase tem, ainda, a característica de ser imprecisa e pouco prática; o ritmo do movimento é demasiado rápido, os períodos de relaxamento são muitos curtos, e às vezes nem existem. Os períodos de contração chegam a durar mais do que o devido, levando, às vezes, a uma contração permanente.

148

Aprendizagem de habilidades motoras

As primeiras tentativas para a execução do movimento são descoordenadas, mas com a repetição do mesmo há um aperfeiçoamento. Deve-se concentrar a atenção na fase principal do movimento, sem se preocupar com as minúcias ou detalhes mínimos.

Segunda fase: coordenação fina dos movimentos

Nessa fase, a aprendizagem motora já adquirida na forma grosseira se desenvolve para uma forma fina, após muitas repetições do movimento. Os movimentos são executados de uma forma fina, são mais econômicos e dominados.

A seqüência de movimento é mais harmônica e aqueles movimentos colaterais supérfluos, parasitas, vão desaparecendo, podendo, então, se mover melhor, de forma mais conveniente e racional.

Isso ocorre, porque os processos de excitação e inibição formam no cérebro centros relativamente autônomos de forma "concentradas" em certas regiões, permitindo um movimento coordenado e preciso. Contudo isso pode levar bastante tempo, e depende da forma do professor ou técnico apresentar e corrigir o movimento, da atenção do executante, do nível das qualidades físicas básicas e também das instalações, aparelhos e outras influências externas.

A primeira correção deve ser dirigida à parte principal do movimento. Quando se corrige a fase principal, muitos erros secundários desaparecem. Após isso, devemos chamar a atenção para os erros das partes do movimento.

Nunca se deve tentar corrigir vários erros de uma só vez. Para que a aprendizagem seja racional, é necessário repetir muitas vezes o movimento, porém essa repetição não deve ser feita de forma irreflexiva. O aluno deve pensar no que faz, ter consciência do movimento, para que o processo seja mais rápido. Os movimentos falhos não são corrigidos facilmente, por isso é preciso muita paciência por parte do professor e sempre tentar novos caminhos. É necessário, também, mostrar ao aluno uma boa execução do movimento. Chamamos a atenção para esse aspecto, pois se o professor não reunir condições para apresentá-lo, não deve fazê-lo.

Notadamente o professor ou técnico que não aprendeu a executar satisfatoriamente um movimento não saberá, nem deverá demonstrá-lo, pois a apresentação deficiente do movimento impedirá o aprendizado eficiente por parte do aluno. Sua tarefa é possibilitar ao aluno de forma compreensível as sensações de uma boa execução.

Mesmo quando se tem em conta essas observações, encontramos casos em que não existe melhora na execução do movimento. E..tão fazemos uma pausa longa ou mudamos de atividades ou tarefas e, quando voltamos aos movimentos desejados, notaremos que houve grandes progressos.

149

Outra possibilidade de conseguir notórios êxitos na execução de um movimento é realizar uma representação mental da ação do movimento *(treinamento mental)*.

Terceira fase: estabilização dos movimentos

Nessa fase as excitações e inibições já estão concentradas em determinados centros do cérebro. Continua, portanto, o melhoramento qualitativo do movimento para que a coordenação fina da fase anterior se desenvolva em uma coordenação ainda "mais fina" ou "finíssima". O ponto central da aprendizagem nessa fase é realçar a fixação do movimento, na sua estabilização por intermédio da repetição. Os movimentos tornam-se automatizados e são executados com grande perfeição. Outra característica dessa fase é a segurança contra influências perturbadoras dos meios interno e externo (vento, pista molhada, piso escorregadio, barulho dos torcedores, adversários desconhecidos, dores, lesões, tristezas, grande fadiga, segundo alento, etc.). A eliminação das perturbações do meio ambiente, inclusive das mentais, podem ser conseguidas com uma auto-educação e também com a ajuda perseverante, constante e paciente do professor ou técnico.

O movimento automatizado possui as seguintes características: maior velocidade de execução, segurança, precisão, fluidez, soltura, sensação de facilidade na execução, naturalidade, ausência de esforços. Aliadas a essas características, estão também as sensações de alegria e de satisfação pelo domínio do movimento.

Aprendizagem de habilidades motoras

O automatismo alcançado está relacionado com a formação do *estereótipo dinâmico motriz*. Quando os movimentos estão automatizados, não há necessidade de participação do consciente. Mais uma vez serve o exemplo de guiar um automóvel; após vários anos de prática, guiamos sem pensar no que estamos fazendo, às vezes conversando ou com o pensamento distante. No caso de um movimento esportivo, a pessoa pode concentrar a atenção em um determinado ponto do movimento. Normalmente, quando se melhora um fator do movimento, deve haver uma modificação da sua estrutura global, às vezes para melhor, outras vezes dificultando o movimento global. Na verdade, é mais difícil se "consertar" um movimento automatizado de forma errônea do que aprender de novo.

Isso se justifica, porque desde cedo devemos observar que um movimento seja aprendido corretamente, pois do contrário, se for automatizado erroneamente, mais tarde será bem difícil "quebrar" o estereótipo.

CAPACIDADE DE APRENDIZAGEM MOTORA NAS CRIANÇAS E ADOLESCENTES

A motricidade humana evolui de ano para ano. Isso pode ser comprovado ao se observar um bebê e acompanharmos sua existência. A cada ano a criança vai adquirindo capacidades motoras de forma natural; aprende a se

Teoria e prática do TREINAMENTO ESPORTIVO

movimentar (andar, correr, etc.), a apanhar objetos, etc. O interessante é que essa motricidade humana evolui sempre do centro para as extremidades, isto é, do próximo para o distante.

Aparecem várias limitações para o aprendizado motor quando se ensina as crianças (4, 5, 6, 7 e 8 anos) movimentos esportivos específicos que exijam execução de fases de movimentos das extremidades. Isso é fundamental para se estabelecer as bases do trabalho com crianças. Por exemplo, ao se utilizar bolas, estas deverão ser grandes e leves e, à medida que vai melhorando a coordenação, vai-se reduzindo o tamanho das mesmas, para se desenvolver a capacidade sensomotora das extremidades.

Aos 9-10 anos aparece um marcante aumento do nível de aprendizagem motora. É a "idade de ouro" para a aprendizagem motora. Os movimentos são mais precisos, contudo não podem ser executados com grande velocidade ou força. Os movimentos das extremidades são melhores, podendo-se utilizar bolas de todos os tamanhos, porém sempre voltados para um trabalho de coordenação geral. Uma atividade específica será imprópria e muito difícil.

APRENDIZAGEM MOTORA – CARACTERÍSTICAS FISIOLÓGICAS, METODOLÓGICAS E PSICOLÓGICAS

CARACTERÍSTICAS FISIOLÓGICAS	CARACTERÍSTICAS METODOLÓGICAS	CARACTERÍSTICAS PSICOLÓGICAS
PRIMEIRA FASE - IRRADIAÇÃO Inervação desnecessária; Movimentos colaterais; Rigidez-tensão-fadiga; Inaptidão.	Período sintético; Formas globais do movimento; Execução da "técnica bruta".	Experiência de movimento; elaboração do movimento ; Insegurança, movimento facilmente perturbado.
SEGUNDA FASE - CONCENTRAÇÃO Estabilização dos movimentos; Desaparecimento dos movimentos colaterais.	Período analítico — Período de associação — Movimento parcial — Correção necessária — Mudança de amplitude: vigor, direção-rapidez/Precisão de execução.	Consciência do movimento; Motivação pela aprendizagem.
TERCEIRA FASE - ESTABILIZAÇÃO Formação de estereótipo dinâmico motriz; Soltura-precisão; Inconsciente	Movimentos Específicos — Polidez nos movimentos — Altos rendimentos — Correção de detalhes pequenos.	Estruturas totais do movimento; Segurança; Alegria; satisfação.

Na fase pubertária, 11, 12, 13 anos, em virtude das grandes transformações que se processam, a motricidade também se altera. Ela é fraca, os movimentos são descoordenados, principalmente com os membros que são difíceis de se controlar.

A partir dos 10 anos aparecem as diferenças características dos sexos, porque as mulheres entram na puberdade e sofrem uma transformação na atividade motora. Até os 14 anos pode-se esperar uma melhora da conduta motora, porém, a partir desta idade, não se aumenta o rendimento motor apenas em função do crescimento. Só com um aprendizado bem planificado pode se aumentar o rendimento. Aos 14-15 anos pode-se, então, iniciar o treinamento regular, planejado.

152

Capítulo 16

AVALIAÇÃO DO TREINAMENTO

CONSIDERAÇÕES GERAIS

A avaliação do rendimento geralmente se efetua tendo como base o componente físico principal do rendimento, ou o componente técnico. Os esportes que utilizam registros quantitativos do rendimento, mediante sistemas métricos, não apresentam tantas dificuldades para sua avaliação, isto porque os próprios resultados da competição já são a sua avaliação. Porém, em compensação, os esportes de jogos coletivos e alguns agonistas, como a luta greco-romana, o boxe e o judô apresentam bastante dificuldades com sua avaliação, pelas suas características especiais. Outros esportes, como a ginástica olímpica, a natação sincronizada, saltos ornamentais, patinação artística, só permitem uma avaliação, quase que totalmente subjetiva, quando em competição. Contudo os seus parâmetros físicos podem ser avaliados normalmente.

A avaliação do treinamento é feita através dos *testes*. Encontramos em FETZ e KORNEXL (1976) a terminologia *testes esportivos motores*, que reflete precisamente a noção desejada. Segundo esses autores, os testes esportivos motores "são métodos de provas, aplicáveis em condições padronizadas, e de acordo com critérios científicos, para investigar características esportivas-motoras".

Com o grande progresso tecnológico atual, aumentou-se a exatidão dos sistemas de avaliação do rendimento físico, através de cronometragem eletrônica, filmes em *slow motion*, cinematografia, eletromiografia, etc. Criou-se, então, uma infinidade de testes, e podemos observar na literatura específica centenas deles.

IMPORTÂNCIA DA AVALIAÇÃO DO TREINAMENTO

A aplicação de testes possibilita:

1. Determinar o grau de preparação física, técnica, psicológica nos diferentes períodos do treinamento anual.

Teoria e prática do TREINAMENTO ESPORTIVO

2. Comparar o rendimento em relação ao ano anterior.

3. Comparar o rendimento nos testes de controle referentes ao último teste da mesma temporada.

4. Atestar a efetividade dos métodos de treinamento aplicados.

5. Estabelecer normas de controle do treinamento.

6. Permitir ao técnico e ao atleta apreciar os progressos alcançados, ou a ausência destes..

7. Servir como estímulo e incentivo ao atleta.

Um erro bem freqüente na avaliação é que, depois de aplicada, não se leva a cabo uma ação positiva baseada nos resultados obtidos. Os resultados devem ser utilizados como base para uma ação efetiva.

Outro erro, aliás, bastante comum entre nós, é a inadequada seleção de testes. É preciso saber, realmente, que teste se deve aplicar em função do que se quer medir.

OBJETIVOS DA AVALIAÇÃO NOS ESPORTES

Os excelentes resultados dos atletas atuais são provenientes de uma mistura complexa de muitos fatores fisiológicos, mecânicos e psicológicos. Um técnico moderno reconhece que os métodos mais efetivos de preparação dos atletas são aqueles baseados em princípios científicos comprovados, e não apenas em julgamentos intuitivos.

O uso de testes para avaliar o rendimento nos Esportes pode beneficiar o treinador e o atleta de várias formas:

1 - Indicar os pontos fortes e fracos dos atletas, jogadores (as), relevantes ao seu esporte, e originar dados básicos para o programa de treinamento;

2 - Dar *feedback* para avaliar a efetividade de um dado programa de treinamento;

3 - Dar informação sobre o estado de saúde do atleta;

4 - Dar oportunidade ao atleta, jogador (a) entender melhor seu corpo e as exigências de seu esporte.

A PROBLEMÁTICA DAS "TABELAS DE PONTOS"

Aliado à noção de testes está a tabela de ponto para avaliação dos mesmos. A grande maioria das tabelas de referência existentes foram feitas segundo padrões regionais ou nacionais e, por isto, não têm validade para todos os lugares. É muito comum em nosso país adotar tabelas estrangeiras, que, às vezes, são erroneamente traduzidas e conceituamos nossos alunos ou atletas dentro de tais tabelas. Ora, se a realidade que possibilitou a construção de tais tabelas é totalmente diferente da nossa, por que temos de comparar resultados com situações que não nos são reais? Até que se construam tabelas brasileiras, feitas de acordo com as nossas realidades sócio-econômicas, climáticas, etc., sugerimos que os professores e técnicos tentem fazer as suas próprias, como já se fazem em muitas entidades. Porém, isso não quer dizer que devemos "jogar fora" as tabelas de ponto existentes. Elas possuem um grande valor para efeito comparativo e para tal devem ser utilizadas, mas não podemos nos iludir com os resultados apresentados.

Em nossa situação atual, o maior valor de um teste é a sua comparação com o teste posterior, feito após um tempo de treinamento, para verificar a eficácia dos meios e métodos utilizados.

Teoria e prática do TREINAMENTO ESPORTIVO

Um programa efetivo de medidas e testes para avaliação nos Esportes deve levar em consideração o seguinte:

1 - As variáveis que são testadas serão relevantes ao esporte.

2 - Os testes selecionados serão fidedignos e válidos.

3 - O protocolo do teste será o mais específico possível do esporte.

4 - A administração do teste será rigidamente controlada.

5 - Os direitos humanos dos atletas serão respeitados.

6 - Os testes serão repetidos em intervalos regulares.

7 - Os resultados serão interpretados pelo técnico e pelo atleta.

EXEMPLO DE TESTES

No setor esportivo, diferenciamos os testes de condição física, testes de condição técnica, testes psicológicos e os testes específicos da modalidade esportiva.

Testes de condição muscular

Avaliam os parâmetros físicos de rendimento, força e suas características, resistência e suas características, velocidade e suas características.

Exemplos de testes:

Teste	Tempo	Objetivo
1) "Canivete" (abdominal)	30 s	Resistência de força anaeróbica
2) Flexão e extensão de braços	30 s	Resistência de força anaeróbica
3) Saltos sobre o banco sueco	30 s	Resistência de força anaeróbica
4) Flexão de braços na barra	30 s	Resistência de força anaeróbica

Testes de resistência de força rápida

	Objetivo
150	
2 x 60 m (intervalo de 20 s)	Resistência de *sprint*

Testes de força máxima

1) Arremesso com halteres

2) Arranco com halteres

3) Agachamento total

4) Supino

Testes de condição cardiorrespiratória

Testes de corridas	Objetivos
300 -500 m	Resistência de velocidade
corrida de 2' min	Resistência anaeróbica
corrida de 12'	Resistência aeróbica

Avaliação do treinamento

Testes de força rápida ou explosiva

Testes de saltos

Testes	Objetivos
1) Salto triplo saindo parado	Força de salto
2) Salto vertical *(Sargent jump test)*	" "
3) 6 Saltos horizontais D - E - D - E - D - E.	" "
4) 6 Saltos horizontais D - D - D - D - D - D.	" "
5) 6 Saltos horizontais E - E - E - E - E - E.	" "
6) 6 Saltos de "rã" DE - DE - DE - DE - DE - DE.	" "

Testes de lançamentos	Objetivos
1) Lançamento de peso com as duas mãos para a frente do corpo	Força de lançamento
2) Lançamento de peso com as duas mãos para trás do corpo	Força de lançamento

Testes de velocidade

1) 30 a 60 m saindo parado	Velocidade de aceleração
2) 30 a 60 m saindo lançado	Velocidade máxima
3) 30 m com uma perna	Velocidade de saltos

Testes específicos

Testes para velocistas

Segundo STATZNY (Masculino) (100 m - 200 m – barreiras)

TESTES	1	2	3	4	5
30 m (saída do taco)	4,8	4,6	4,4	4,2	4,0
50 m (saída do taco)	6,1	6,0	5,9	5,8	5,7
6 Saltos horizontais (D-E-D-E-D-E)	15,00 m	15,75 m	16,50 m	17,25 m	18,0m
Salto vertical	0,65 m	0,70 m	0,74 m	0,77 m	0,80 m
Canivete (30s)	24	26	28	30	33
Flexões de braço na barra (n.º de vezes)	5	9	12	15	18
Salto sobre o banco sueco em 30 s	40	43	46	50	55

Teoria e prática do TREINAMENTO ESPORTIVO

Testes para saltadores em extensão

TESTES	5,80 m	6,00 m	6,30 m
10 saltos (D-E) com corrida (6-8 passadas)	26-28 m	20-31 m	32-33 m
100 m de saltos horizontais (D-E)	39-40 saltos	37-38 saltos	35-36 saltos
10 saltos (D-E) (saída parada)	27,00 m	28,00 m	29,50 m

Testes para lançadores de dardo (segundo SOLIJEV)

TESTES	MASCULINO	FEMININO
30 m saindo dos tacos	3,9-4,0 s	4,4 s
Salto triplo saindo parado	9,20 m	7,50 m
Arremesso com halteres	130-140% do peso corporal	100% do peso corporal
Lançamento do peso com as duas mãos para frente	12,00 m (peso de 7,25 kg)	12,00 m (peso de 4 kg)
Lançamento do peso com as duas mãos por cima da cabeça (com corrida)	17-18 m (peso de 7 kg)	14-15,00 m (peso de 3 kg)
Lançamento da pelota de 100g (parado)	110 m	70 m

Testes de condição técnica

Para OSOLIN, há muitos modos de se avaliar a preparação técnica. Por exemplo, a técnica de corridas com barreiras, que pode ser avaliada comparando os tempos na mesma distância com ou sem barreiras; uma diferença entre 2,0 e 2,1 s pode ser julgada excelente. Nas provas de arremesso, a análise pode se basear na diferença entre o arremesso parado e o arremesso com movimento, ou ainda, se comparar o peso do corpo pela distância do arremesso.

No arremesso do peso, é considerado bom quando se alcança 4,5 kg de peso corporal para cada metro; no disco 1,3 kg por metro, no dardo, 1 kg por metro.

A condição técnica dos saltadores pode ser avaliada de forma diferente. Os saltadores em alturas são classificados satisfatoriamente quando saltam sua própria altura. Os que saltam 10-15 cm acima de sua altura são considerados bons; acima de 20 cm são ótimos e acima de 30 cm excelentes.

158

Avaliação do treinamento

Os saltadores com vara fazem a comparação pela diferença entre a altura da empunhadura da vara e a altura ultrapassada. A técnica é satisfatória quando se tem uma diferença de 40 cm.

A velocidade pode ser avaliada, comparando tempos de várias distâncias menores. Os corredores de meio fundo podem avaliar a resistência específica, comparando a velocidade média dos 100 m na distância total e seu melhor resultado dos 100 m. Essa diferença é conhecida como coeficiente de resistência.

Para níveis satisfatórios, o coeficiente deve ser:

para 400 m	0,9 - 10
para 800 m	2,5 - 2,6
para 1 500 m	3,2 - 3,4
para 5 000 m	4,1 - 4,4

Testes para, selecionar velocistas (baseado em testes das escolas desportivas da ex-União Soviética)

TESTES	MASCULINO		
	10 anos	111 anos	12 anos
30 m saída lançada	4,4 - 4,5 s	4,1 - 4,3 s	3,8 - 4,1 s
30 m saída de tacos	5,4 - 5,5 s	5,1 - 5,3 s	4,8 - 5,0 s
Salto em extensão saindo parado	1,85 m	2,00 m	2,10 m
10 saltos verticais saindo agachado (por tempo)	14,0 - 14,5 s	13,5 - 14,0 s	13,0 - 13,5 s
TESTES	FEMININO		
	9 anos	10 anos	11 anos
30 m saída lançada	4,5 - 4,6 s	4,3 4,4 s	4,1 - 4,3 s
30 m saída de tacos	5,5 - 5,6 s	5,3 5,4 s	5,1 - 5,3 s
Salto em distância saindo parado	1,60 m	1,75 m	1,90 m
10 saltos verticais saindo agachada (por tempo)	14,0 - 14,5 s	13,5 - 14,0 s	13,2 - 13,5 s

Testes para selecionar saltadores

TESTES	MASCULINO E (11 e 12 anos),	FEMININO
20 m lançados	3,0 s	3,2 s
5 Saltos horizontais (D-E)	9,50 - 10,50 m	—
3 Saltos horizontais (D-E)	—	6,10 - 6,30 m
Salto vertical	45 - 50 cm	45 cm
Barra	2 - 4 vezes	2 - 3 vezes
Salto em distância (saindo parado)	2,00 - 2,10 m	1,70 - 1,80 m

Capítulo 17

CÓDIGO DE ÉTICA DO TREINADOR

É bastante visível o aumento significativo do interesse do Esporte tanto a nível nacional como internacional.

Essa situação carrega consigo um crescente aumento de pressão a que estão sujeitos aqueles que intervêm diretamente no processo. Assim, o *doping, o suborno, a mentira, a chantagem, a hostilidade, os privilégios, a falta de respeito aos demais e a violência já constituem aspectos comuns na realidade do mundo dos esportes.*

Sabe-se que os Treinadores são apenas um dos agentes que desempenham papel relevante nesse sentido, mas com um caráter muito significativo, pela importância de sua conduta.

A fim de entender os caminhos perigosos que se podem percorrer no mundo esportivo e refletir a respeito de suas condutas, é necessário uma série de princípios, fundamentos e sistemas de moral. É primordial um Código de Ética para aqueles que vão conduzir os jovens no processo esportivo.

> "OS TREINADORES TÊM GRANDE INFLUÊNCIA SOBRE OS JOVENS COM QUEM TRABALHAM, ATRAVÉS DAQUILO QUE DIZEM E FAZEM. POR ISSO ELES SÃO MODELOS. DEVEM TER VALORES A DEFENDER, ENTUSIASMO NAQUILO QUE FAZEM E SEREM HONESTOS. DEVEM ACIMA DE TUDO RESPEITAR OS JOVENS, ATENDENDO SEMPRE AQUILO QUE ELES DESEJAM ALCANÇAR, TANTO NA PRÁTICA ESPORTIVA COMO NA PRÓPRIA VIDA".

A ÉTICA DO TREINADOR PARA CONSIGO MESMO

1 - Conhecer bem aquilo que deve ensinar e procurar aumentar sempre este conhecimento, estimulando em si mesmo o desejo de aprender.

Código de ética do treinador

2 - Melhorar constantemente sua capacidade de ensinar.

3 - Sempre transmitir seriedade e entusiasmo no trabalho que realiza.

4 - Esforçar-se em ser honesto, paciente e imparcial nas decisões.

5 - Estimular em si próprio o espírito combativo, o equilíbrio emocional, a atenção e a capacidade de iniciativa.

6 - Ter respeito consigo mesmo.

7 - Saber manter a disciplina.

8 - Ser sincero e ter boas relações com os demais treinadores, dirigentes, membros de equipe técnica, jornalista, pais dos jogadores/atletas, árbitros e juizes, e principalmente com os esportistas.

> UM TREINADOR NÃO DEVE SER APENAS TEÓRICO NEM APENAS PRÁTICO. DEVE SER COMPETENTE. ISTO SIGNIFICA QUE OS PRÁTICOS DEVEM TER UMA FORMAÇÃO TEÓRICA CADA VEZ MAIS PROFUNDA E OS TEÓRICOS DEVEM TER UMA EXPERIÊNCIA PRÁTICA CADA VEZ MAIOR.

ÉTICA DO TREINADOR PARA COM OS DEMAIS TREINADORES

1 - Respeitar os outros treinadores, suas idéias sobre técnica, tática e método de trabalho, ainda que elas sejam opostas às suas.

2 - Não emitir publicamente juízos positivos ou negativos sobre os outros treinadores.

3 - Não fazer elogios falsos. É difícil ganhar amigos, mas se necessita de pouco para criar inimigos.

4 - Não discutir com os demais treinadores, na presença dos esportistas, sobre conceitos técnicos e táticos, devendo isto ser feito particularmente.

5 - Nunca copiar de um colega, e jamais esquecer de fazer referência à fonte de origem.

6 - Crer que sempre é possível aprender alguma coisa com os outros treinadores, sejam eles quem forem.

7 - Respeitar os compromissos estabelecidos com os clubes ou outras entidades. Um contrato é como empenhar a própria palavra.

8 - Colaborar sempre com o clube ou outra entidade em que exerça uma atividade, sem renunciar dos princípios da coerência e da honra.

9 - Ter sempre em mente que a equipe ou o esportista pertence ao clube ou entidade, e como tal não é propriedade pessoal do treinador.

> SUCESSO COMO TREINADOR NÃO PODE SER MEDIDO APE-
> NAS EM TERMOS DE MEDALHAS OU TROFÉUS QUE SEU ATLE-
> TA OU TIME GANHOU. SE OS JOGADORES/ATLETAS QUE VOCÊ
> TREINOU APRECIARAM ESTAR COM VOCÊ, SE SENTIRAM BEM
> COM O QUE FIZERAM, SE MELHORARAM SUAS CAPACIDADES
> E HABILIDADE MOTORAS E CONTINUARAM GOSTANDO DA
> PRÁTICA DO ESPORTE/ATIVIDADE FÍSICA, VOCÊ PODE SE
> SENTIR REALIZADO, PORQUE CONSEGUIU ALGO MUITO MAIS
> IMPORTANTE DO QUE VENCER UM CAMPEONATO OU COMPE-
> TIÇÃO.

ÉTICA DO TREINADOR PARA COM OS ESPORTISTAS

1 - Tentar estabelecer uma relação individual, estreita com os esportistas. O treinador deve se interessar com sinceridade pelos problemas pessoais dos mesmos, dentro dos limites do respeito necessário.

2 - Manter a disciplina sem ser ditador.

3 - Entender e respeitar a individualidade de cada esportista.

4 - Procurar desenvolver em todos o mesmo sentido de responsabilidade.

5 - Ensinar a praticar a lealdade, a honra e o respeito para com os demais.

6 - Considerar o coletivo sempre em primeiro lugar, sem sacrificar porém a personalidade de cada esportista.

7 - Estimular nos esportistas o empenho, a lealdade, o desejo de vitória, o espírito coletivo, a combatividade e a determinação.

8 - Transmitir aos jogadores que o importante é mostrar, na competição e nos treinamentos, tudo aquilo de que são capazes.

> COMO TREINADORES/TÉCNICOS DO ESPORTE,
> NOSSA MARCA É O OTIMISMO, O SONHO DA REA-
> LIZAÇÃO DE IDÉIAS, O SUPERAR OBSTÁCULOS, A
> CRENÇA NO ESFORÇO E A CONFIANÇA NA NOSSA
> CAPACIDADE. NOSSA FUNÇÃO É CONSTRUTIVA E
> NÃO DESTRUTIVA. NOSSO DISCURSO DEVE SER
> OTIMISTA E NÃO TRANSMISSOR DO PESSIMISMO.

ÉTICA DO TREINADOR PARA COM OS PAIS DOS ESPORTISTAS

1 - Quando falar com o pai de um esportista, nunca criticar outros esportistas.

2 - Prestar a máxima atenção aos pais, quando falar dos problemas de seus filhos.

Código de ética do treinador

3 - Evitar comentários irônicos ou atitudes de desaprovação efetuadas por um pai sobre algum colega de seu filho.

4 - Procura conhecer a situação familiar de cada esportista; quanto melhor se conhece os pais, melhor se conhece os próprios atletas.

5 - Nunca exibir favoritismo algum em relação aos pais dos esportistas, como também nunca mostrar preferência frente aos próprios esportistas.

ÉTICA DO TREINADOR COM OS ÁRBITROS E JUIZES

1 - Durante as competições, nunca ter atitudes irônicas ou teatrais, pois tal comportamento se transmitirá rapidamente aos esportistas.

2 - Nunca formular afirmações tendenciosas ou subjetivas sobre o comportamento dos árbitros ou dos juizes, aos órgãos de comunicação, após as competições.

3 - Ter sempre presente que, sem árbitros ou juizes, dificilmente se consegue realizar competições.

4 - Ter um comportamento educado e disciplinado com os árbitros e juizes, e exigir idêntica atitude por parte dos esportistas.

5 - Estudar e conhecer bem o regulamento correspondente.

6 - Fazer o possível para garantir um ambiente tranqüilo no lugar da competição, a fim de favorecer a boa arbitragem.

> NOSSA GRANDE MISSÃO É USAR O ESPORTE/ATIVIDADE FÍSICA COMO MEIO DE EDUCAÇÃO. DEVERÍAMOS SENTIR QUE A VITÓRIA É SOMENTE UMA PARTE DO PRAZER DE JOGAR/COMPETIR; DEVERÍAMOS EVITAR QUE NA VITÓRIA HAJA DERROTAS; DE CONSEGUIR QUE NAS DERROTAS HAJAM VITÓRIAS; DE PERCEBER QUE O IMPORTANTE É A LUTA.

ÉTICA DO TREINADOR COM A MÍDIA

1 - Trabalhar sempre no sentido de obter a confiança dos jornalistas, para ser, desta forma, correspondido.

2 - Colaborar com os órgãos de comunicação sem nenhum favoritismo.

3 - Evitar entrar em polêmica com a mídia.

4 - Jamais condenar os órgãos de comunicação em conjunto, somente porque alguns de seus membros traíram a confiança neles depositadas.

Capítulo 18

A TERMINOLOGIA DO TREINAMENTO

A falta de uma terminologia nacional constitui uma dificuldade para a compreensão dos métodos modernos de treinamento. Isso porém não é uma deficiência existente apenas entre nós, pois no âmbito mundial ainda não se conseguiu um acordo para a denominação e conceituação de termos esportivos. Deve-se isso às variações de idiomas e à dificuldade de se encontrar palavras que traduzam significativamente várias expressões.

Como sabemos, a imensa maioria da literatura sobre Educação Física e Desportos é oriunda de outros países, portanto de outras línguas.

A dificuldade está na variedade de expressões, nomes, situações, fatos e idéias inteiramente (ainda) estranhas a nosso contexto natural. Esse formidável contingente de informações estrangeiras é traduzido e despejado sobre multidões de alunos de Educação Física e de Esportes cujas mentes, em formação cultural, estão abertas a todas as influências. Nota-se, então, que esses alunos e também seus professores, é claro, empregam vários termos e idéias totalmente alheios ao nosso meio. São termos às vezes inexistentes na nossa língua, que são conservados em virtude de não possuirmos uma terminologia esportiva nacional.

Manter o termo estrangeiro não é tão grave quanto as traduções inadequadas. Essas sim são prejudiciais, pois causam interpretações errôneas e conseqüências maléficas. Traduzir é tentar estabelecer um contato tão perfeito quanto possível, não só entre duas línguas mas também entre as culturas. O objetivo da tradução é enriquecer nosso vocabulário, integrando nele novos conhecimentos e idéias, sem que estes percam sua riqueza e individualidade. Por isso, é preciso traduzir bem, da melhor maneira possível, evitando distorções e termos vazios. Vejam, por exemplo, o que ocorreu com o termo francês *endurance*. Ele foi mal traduzido, em espanhol e em português, por *endurecimento,* que não expressa o sentido exato da palavra e sim um fenômeno bastante diferente. Concordamos plenamente com PEREIRA DA COSTA, que considera esses termos como "conceitos modernos ainda não amadurecidos pela utilização prática em massa".

164

O ideal seria que encontrássemos, para todo termo estrangeiro, um correspondente em português. Seria uma tentativa de "nacionalizar" todos os termos esportivos e assim esclarecer seus conceitos.

Não pretendemos "criar" novos termos mas, simplesmente, relacionarmos os já existentes e conceituá-los da nossa melhor maneira. Vamos tomar, como exemplo, novamente, o termo francês *endurance*; essa palavra também existe em inglês, mas não tem o mesmo significado do termo francês. E o pior de tudo é que ela não existe em português, apesar de muitos autores a usarem em seus artigos.

Verificamos, então, uma confusão na interpretação, quando não se sabe a origem bibliográfica. Se for de origem inglesa ela significa "resistência", de acordo com o *Illustrated Dictionary The New Michaelis*, podendo ser aeróbica ou anaeróbica, ou muscular.

Se a bibliografia for de origem francesa, "*endurance*" significará "a capacidade de resistir à fadiga nos esforços de longa duração e de intensidade moderada, cujo regime cardíaco se situa entre 120 e 140 pulsações por minuto".

Então o termo francês "*endurance*" deveria ser traduzido por "resistência aeróbica", pois a esse tipo de resistência ela se refere.

Outro termo, da terminologia francesa é "*resistance*", que significa "esforço com elevado débito de oxigênio durante o maior tempo possível, com predomínio do setor anaeróbico". O ideal, então, é chamá-lo de "resistência anaeróbica". Essa necessidade de tradução deveria se estender a muitos outros termos. Vamos fazer a primeira tentativa na *Terminologia do Treinamento*.

A prática de uma atividade física qualquer coloca em jogo várias qualidades físicas, que foram grupadas da seguinte maneira:

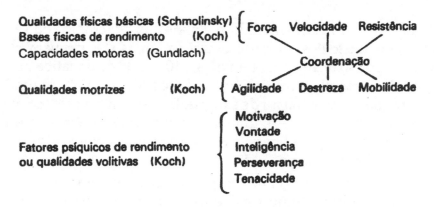

O primeiro grupo – força, velocidade, resistência e suas combinações, chamado de qualidades físicas básicas por SCHMOLINSKY, bases físicas de

Teoria e prática do TREINAMENTO ESPORTIVO

rendimento por KOCH e capacidades motoras por GUNDLACH, refere-se primordialmente a ações musculares, enquanto que o segundo grupo, agilidade, destreza, flexibilidade, tem como campo de ação os processos motores. Para o primeiro grupo está vinculado o conceito de formação corporal, e para o segundo está subordinada a formação dos movimentos, isto é, a técnica.

A capacidade de coordenação une os dois grupos, isto é, está presente em todas as demais. Todas as qualidades estão intimamente ligadas entre si, principalmente na prática, onde elas estão unidas, e às vezes entrelaçadas em uma única atividade. Essas qualidades físicas, seus conceitos e treinamentos, foram abordados nos capítulos anteriores.

TERMINOLOGIA DO TREINAMENTO

A terminologia do treinamento é uma área do conhecimento, freqüentemente confrontada com problemas de precisão e significado. Esses termos, abaixo selecionados, têm o objetivo de estabelecer um entendimento mais preciso da linguagem usada no estudo e na dimensão do treinamento esportivo.

ABDUÇÃO: Movimento de uma parte do corpo que se afasta da linha média do corpo.

ACELERAÇÃO: É uma grandeza física que mede a variação da velocidade de um movimento do corpo todo, ou de segmentos individuais do corpo. Definida como o quociente resultante da variação da velocidade sobre o intervalo de tempo correspondente. Ela é medida em metros por segundo ao quadrado (m/s^2), e comumente designada pela letra a.

ACELERAÇÃO DA GRAVIDADE: Aceleração de um corpo sujeito à atração gravitacional da Terra. É a aceleração de um corpo em queda livre na Terra. É igual a 9,81 m/s^2.

ÁCIDO LÁTICO: Produto final do metabolismo anaeróbico da glicose ou glicogênio nos músculos, durante exercício intenso. É também chamado lactato. Em repouso o corpo contém de 4 a 10 mg de ácido lático por 100 ml de sangue. Em trabalhos musculares pesados (de 40 - 120 segundos) ele acumula até 150 mg por 100 ml de sangue. Ele aumenta a acidose metabólica e reduz a capacidade de rendimento. O ácido lático é ressintetizado a glicogênio, queimado para liberar energia (no coração, músculos e rins), ou excretado do suor e na urina.

ADAPTAÇÃO: Na Fisiologia do Exercício é uma reorganização orgânica e funcional do organismo, frente a exigências internas e externas. São mudanças persistentes na estrutura ou na função particularmente relacionadas às respostas, às sobrecargas do treinamento.

A terminologia do treinamento

ADENOSINA TRIFOSFATO (ATP): Ribonucleotídeo – 5'– trifosfato, funcionando como um grupo doador de fosfato no ciclo de energia da célula.

ADUÇÃO: Movimento de uma parte do corpo que se aproxima da linha média do corpo.

AERÓBIO: Significa literalmente com oxigênio, ou, na presença de oxigênio. Popularmente diz-se aeróbico ou aeróbica.

AGILIDADE: Qualidade de executar movimentos rápidos, ligeiros, com mudanças de direções.

AGONISTA: Um músculo que, por sua contração, é considerado o principal na produção de um movimento articular ou na manutenção de uma postura. O termo é originário do grego AGON, que quer dizer competição, disputa. O agonista sempre se contrai ativamente para produzir uma contração concêntrica, excêntrica ou isométrica.

ALONGAMENTO: É uma extensão do músculo além do seu comprimento em repouso.

ALONGAMENTO DINÂMICO: Técnica para aumentar a flexibilidade, em que se usa balanceamentos e oscilações das partes envolvidas.

ALONGAMENTO ESTÁTICO: Técnica para aumentar a flexibilidade, ao manter uma posição com o músculo desejado na sua maior extensão possível.

AMINOÁCIDOS ESSENCIAIS: Aminoácidos que não são sintetizados pelos seres humanos e outros vertebrados, e devem ser obtidos da dieta. Eles são a isoleucina, leucina, lisina, metionina, fenilalanina, treonina, triptofano, valina, histidina e arginina. Os alimentos ricos em proteínas (por exemplo: leite, carne, queijos, ovos, etc.) fornecem ao corpo esses aminoácidos essenciais.

AMINOÁCIDOS NÃO-ESSENCIAIS: Aminoácidos das proteínas que podem ser sintetizados pelos seres humanos e outros vertebrados, a partir de precursores simples, e portanto não são requeridos na dieta. Eles são: glicina, cistina, tirosina, ácido glutâmico e a serina.

ANAERÓBIO: Sem a presença de oxigênio. Sem a necessidade de oxigênio. Popularmente diz-se aneróbico ou anaeróbico.

APTIDÃO FÍSICA: Também chamada Aptidão Motora. Nos Esportes e na Educação Física a dimensão da aptidão física ou motora tem significado especial. Dependendo da situação e dos valores (como saúde, rendimento, bem-estar, jovialidade, beleza, etc.) e de vários contextos (ocupação, lazer), diferentes conceitos foram desenvolvidos. Todos esses conceitos são baseados nos princípios gerais da capacidade de rendimento físico ou da

Teoria e prática do TREINAMENTO ESPORTIVO

performance motora, mas eles se diferem na ênfase dos fatores que determinam o rendimento (resistência, força, etc.).

AQUECIMENTO: Parte preparatória de uma aula ou treino que objetiva preparar o corpo para movimentos vigorosos. O aquecimento consiste em atividades que elevam a temperatura corporal, como correr, andar, saltitar e exercícios de alongamento, para preparar as articulações.

ARRANCO: Também chamado arranque. Um dos movimentos no esporte de Levantamento de Pesos. Consiste na "puxada" do peso do chão até acima da cabeça, em apenas um só tempo.

ATIVIDADE FÍSICA: O termo refere-se à totalidade de movimentos executados no contexto do Esporte, da Aptidão Física, da Recreação, da Brincadeira, do Jogo e do Exercício. Num sentido mais restrito, é todo movimento corporal produzido por músculos esqueléticos, que provoca um gasto de energia.

AVALIAÇÃO DO TREINAMENTO: É a parte do processo do treinamento na qual a execução do treino é verificado com respeito a medidas que foram tomadas, e os efeitos destas medidas no nível de rendimento. Um pré-requisito, para a avaliação do treinamento, é a reunião das variáveis mais importantes em relação à execução do treino e à comparação dos resultados com os objetivos planejados. A avaliação é realizada após a aplicação de vários testes.

BIORRITMO: Suposto padrão regular de mudanças no nível de energia de uma pessoa, da sua capacidade de resposta e de sua atitude, determinado por fatores individuais internos, como a genética, a fisiologia ou por fatores externos, como a pressão atmosférica ou a quantidade de estresse acumulado.

BRADICARDIA: Refere-se a freqüência cardíaca, cujos valores estão abaixo dos valores normais. No esporte fala-se da "Bradicardia do Treinamento", isto é, a redução da freqüência cardíaca de 60 para 50 ou 40 batimentos por minuto ou até mais baixo, como resultado do treinamento de resistência.

CÃIMBRA: Contração espasmódica e dolorosa dos músculos.

CALORIA: Quantidade de calor necessário para elevar a temperatura de 1 grama de água em 1 grau centígrado. Freqüentemente usada incorretamente no lugar de quilocaloria (1 quilocaloria = 1 000 calorias).

CAPACIDADE AERÓBICA: Capacidade do coração, pulmões e sistema vascular de entregar oxigênio para os músculos em trabalho.

CAPACIDADE ANAERÓBICA ALÁTICA: Quantidade total de energia durante um esforço máximo que dura entre 10 a 15 segundos, utilizando portanto a fonte energética de ATP-CP (alática).

168

A terminologia do treinamento

CAPACIDADE ANAERÓBICA LÁTICA: Quantidade máxima de energia que pode ser originada pela glicólise anaeróbica. É medida por testes de alta intensidade, entre 20 e 60 segundos.

CAPACIDADE DE COORDENAÇÃO MOTORA: Capacidade coordenativa de assegurar uma adequada combinação de movimentos e operações parciais que se desenvolvem ao mesmo tempo e em sucessão.

CAPACIDADE DE DIFERENCIAÇÃO SENSORIAL: Capacidade coordenativa de diferenciar e posteriormente tornar precisa, face à necessidade específica de uma atividade, as sensações que extraímos do objeto e dos processos através dos nossos órgãos dos sentidos.

CAPACIDADE DE EXPRESSÃO MOTORA: Capacidade de criar os próprios movimentos segundo as leis do belo, de exprimir com eles qualquer coisa de artístico e de provocar uma impressão estética.

CAPACIDADE DE OBSERVAÇÃO: Capacidade coordenativa que permite perceber, de acordo com o programa, o desenvolvimento de um movimento próprio ou alheio, de objetos imóveis, com base em critérios selecionados.

CAPACIDADE DE REAÇÃO MOTORA: Capacidade de reagir rápida e corretamente a determinados estímulos.

CAPACIDADE DE REPRESENTAÇÃO: Capacidade de apelar mentalmente com base nas informações disponíveis, em situações bem determinadas, processos de movimento, objetos, etc.

CAPACIDADE DE RITMO: Capacidade de articular, com acentuação adequada, o desenvolver de um movimento e de agrupar o desenvolvimento temporal e dinâmico que a caracteriza, segundo conjuntos ritmicamente perceptíveis.

CAPACIDADE MÁXIMA AERÓBICA: É o consumo máximo de oxigênio que pode ser obtido sob uma carga de trabalho físico absoluto. É determinada indireta, normalmente, por meio de um monograma. A capacidade Máxima Aeróbica é aproximada, via trabalho máximo. Como resultado, é possível determinar teoricamente a capacidade máxima de rendimento físico.

CAPACIDADES: Qualidades gerais inatas de uma pessoa, que permitem o desenvolvimento de habilidades. São condições físicas e/ou psíquicas hereditárias e aprendidas. É uma disposição natural necessária à realização de uma performance determinada. Como uma condição fundamental do rendimento, o termo capacidade é freqüentemente usado no sentido de qualidade. Também chamada característica, disposição, qualificação.

CAPACIDADES CONDICIONAIS: Qualidade que tem como fator limitante a disponibilidade de energia, e baseia-se na condição orgânica muscular do homem. Exemplo: a capacidade de força, de resistência, de velocidade.

Teoria e prática do TREINAMENTO ESPORTIVO

CAPACIDADES COORDENATIVAS: Qualidades que permitem organizar, regular e controlar os movimentos. Exemplo: a coordenação motora.

CAPACIDADES MOTORAS: Capacidades gerais para realizar uma variedade de habilidades motoras. Acredita-se que são determinadas geneticamente e influenciadas por experiências de aprendizagem. Termo genérico para as diferentes capacidades, tais como força, velocidade, resistência, agilidade, flexibilidade. No Esporte, fatores pessoais que determinam o rendimento são categorizados diferentemente. Outros termos genéricos comuns são: características motoras, características motoras básicas, principais componentes da aptidão motora, bases físicas do rendimento, atributos físicos.

CAPILARIZAÇÃO: Relação entre o tamanho da superfície capilar e o tamanho do tecido servido. A função máxima da capilarização é conseguida quando a área de contato do sangue e o tecido é a maior possível.

CARBOIDRATO: Substância alimentícia primária, usada para energia. Fontes na dieta incluem os açúcares (simples) e os grãos, arroz, batata e feijões (complexo). O carboidrato é armazenado como glicogênio nos músculos e no fígado, e é transportado no sangue como glicose. Também chamado glicídeo ou hidrato de carbono.

CENTRO DE GRAVIDADE: Um ponto simples, onde toda massa está concentrada. No corpo humano, o centro de gravidade não é um ponto fixo em uma específica parte do corpo; com as mudanças de posição do corpo, o centro de gravidade muda sua posição.

CICLO DE KREBS: Séries de reações químicas que metabolizam os carboidratos, as gorduras e as proteínas e liberam energia para a síntese de ATP a partir do ADP e do Pi (fosfato inorgânico). Acontece na mitocôndria, com produção de CO_2 e íons $H+$ e com remoção dos elétrons, via oxidação dos compostos de carbono, que são conduzidos pelos condutores de elétrons (NAD+ e FAD+) na cadeia de transporte de elétrons. Também chamado ciclo do ácido cítrico; ou ciclo TCA; ou ciclo do ácido tricarboxílico.

CICLO DE TREINAMENTO: Integração organizacional dos períodos de treinamento com diferentes orientações e objetivos, que visam níveis cada vez mais elevados de rendimento. É estabelecido de acordo com a estrutura do treinamento. Funcionalmente, podemos distinguir os seguintes ciclos: Microciclo, Mesociclo e Macrociclo, ciclo anual e ciclo pluri-anual.

CIÊNCIA DO ESPORTE: Representa a totalidade das descobertas científicas, das discussões e métodos relacionados aos problemas e manifestações do Esporte. Uma característica essencial da Ciência do Esporte é o seu caráter teórico. As estruturas de consistências teóricas com respeito aos teoremas unificados, achados e pronunciamentos, ainda carecem de uniformidade

A terminologia do treinamento

nas discussões científicas e teóricas dentro da disciplina. Ela é caracterizada pela chamada ciência transversal, ciência agregada, conjunta; também como uma ciência aplicada , interdisciplinar, multidisciplinar, entre outras. Dependendo do ponto de vista, ela é usada no singular ou no plural (Ciências do Esporte). Ela somente pode satisfazer os critérios comuns aplicados às outras ciências, emprestando-os de outras disciplinas. Tais critérios são: um foco único de interesse (área do Esporte); conceitos específicos e métodos de pesquisa (derivadas, na sua maioria, das "disciplinas mães") ; sistematização de novos conhecimentos (acontece nas subdisciplinas da Ciência do Esporte); e terminologia científica (dependência forte das "disciplinas mães"). Pelo fato dos representantes das subdisciplinas da Ciência do Esporte terem diferentes interesses em pesquisas e diferentes formações profissionais, há diferenças substanciais nos objetivos e métodos de trabalho, o que torna difícil alcançar um consenso básico. As sub-áreas da Ciência do Esporte são: Pedagogia do Esporte, Psicologia do Esporte, Sociologia do Esporte, Medicina do Esporte, História do Esporte, Filosofia do Esporte, Biomecânica do Esporte, Fisiologia do Exercício, Teoria do Treinamento, Jornalismo Esportivo, e outras que começam a se integrar. Uma necessidade urgente da Ciência do Esporte é a unificação racional e internacional das subdisciplinas da área.

CIRCUIT TRAINING: Programa de treinamento em que os exercícios (chamados estações) são executados em seqüência durante um certo tempo ou número de repetições, com um período de descanso entre eles. A característica principal dessa forma de treinamento é a alternância das partes do corpo exigidas em cada estação.

COMPETIÇÃO: No Esporte, refere-se à disputa entre indivíduos, grupos (equipes) ou nações, que são alinhadas antes, de acordo com o princípio de chance igual. A disputa é por um ideal simbólico ou por um valor material que, como regra, só pode ser vencido por um dos lados que compete. Os argumentos históricos, prós e contras à competição, são repetidos em discussões atuais. Os críticos vêem na Competição normas e padrões de comportamentos rígidos do mundo industrial "alienado", renovado, legalizado e intensificado, que trazem conseqüências à competição, rivalidade, benefícios próprios. Já os proponentes da Competição assumem o seu caráter de experiência e de comunalidade; tendo como conseqüência aumento da autoestima, ações racionais, cooperação para atingir um objetivo. Os dois lados não conseguem convencer um ao outro, nem podem (empiricamente) desconsiderar os argumentos do outro lado.

COMPONENTE ELÁSTICO PARALELO: O tecido conectivo (fáscia, sarcolema), que circunda o elemento contrátil dos músculos e exerce uma força elástica passiva quando o músculo é alongado.

171

Teoria e prática do TREINAMENTO ESPORTIVO

CONDIÇÃO FÍSICA: Estado que denota o grau de desenvolvimento das características motoras, como a resistência, força, velocidade e flexibilidade. A condição física pode ser entendida em relação ao rendimento físico geral (Condição Física Geral) ou pode ser vista com respeito à capacidade de rendimento em um evento esportivo específico (Condição Física Específica).

CONDICIONAMENTO FÍSICO: Ato ou efeito de condicionar o corpo, tornando-o apto para a realização de tarefas motoras específicas. O condicionamento físico é dirigido para o desenvolvimento equilibrado de todas as capacidades relacionadas à condição física.

CONSUMO DE OXIGÊNIO (VO2): A quantidade de oxigênio absorvido e usado a nível celular em repouso, durante o exercício ou na recuperação. Durante exercícios que aumentam a intensidade, o VO2 aumenta até que atinja um patamar perto do esforço máximo. O valor de repouso do VO2 para um homem jovem em repouso é aproximadamente 250 ml/min. Em exercício máximo esse valor pode chegar a 5 100 ml/min. Ele reflete o metabolismo de energia aeróbica. É expresso em litros por minuto (*l*/min) ou mililitros por quilograma por minuto (ml · kg · min).

CONTEÚDO DO TREINAMENTO: Este termo é usado para indicar as atividades (especialmente os exercícios físicos) que são realizadas com a intenção de alcançar certos objetivos do treino. Em conexão com eventos esportivos particulares, o conteúdo do treinamento pode ser dividido em exercícios de condicionamento, exercícios específicos, exercícios gerais, exercícios de competição. Quando o conteúdo do treinamento é formulado precisamente, e quando sua conexão com o método de treinamento é estabelecido, pode se falar em forma do treinamento.

CONTRAÇÃO CONCÊNTRICA: Tipo de contração muscular isotônica na qual o músculo se encurta, fazendo com que as ligações proximal e distal se aproximem, enquanto se produz tensão.

CONTRAÇÃO EXCÊNTRICA: Tipo de contração muscular isotônica em que há um alongamento das fibras musculares, produzido por uma resistência enquanto produz tensão.

CONTRAÇÃO ISOMÉTRICA: Tipo de contração muscular que não produz encurtamento das fibras musculares, portanto sem movimento.

CONTRAÇÃO ISOTÔNICA: Tipo de contração que resulta no encurtamento das fibras musculares, produzindo movimento. Também chamada contração dinâmica.

COORDENAÇÃO: Integração do sistema nervoso central e da musculatura esquelética num movimento ou numa seqüência de movimento.

COORDENAÇÃO FINA DO MOVIMENTO: Segunda fase da aprendizagem motora, onde a seqüência do movimento se faz mais harmônica e

A terminologia do treinamento

fechada. Os movimentos supérfluos desaparecem, não há excessos e há uma sensação subjetiva de deslizamento, de fluidez, e de crescente facilidade de execução, e com ela a satisfação e a alegria de movimento executado. É uma fase de correções, refinamento e diferenciação do movimento.

COORDENAÇÃO FINÍSSIMA DO MOVIMENTO: Terceira fase da aprendizagem motora, que se caracteriza pela estabilização do movimento. Os movimentos nessa fase se distinguem por sua maior velocidade, segurança e precisão. São fluídos, "soltos", e parecem fáceis, naturais e sem esforço. É quando ocorre a verdadeira automatização dos movimentos que estão relacionados com a formação do estereótipo dinâmico motor.

CORAÇÃO DE ESPORTISTA: Nome dado ao coração aumentado, saudável, dos atletas nos esportes de Resistência. O volume do coração normal de um adulto do sexo masculino é 750-800 ml. O volume do Coração do Esportista, por outro lado, pode chegar a 900-1400 ml. O maior Coração de Esportista documentado na literatura é de 1700 ml. Enquanto que o débito cardíaco máximo do coração normal é cerca de 20 l/min de sangue, esse valor pode ser mais de 40 l/min para o Coração de Esportista. Esse tipo de coração tem sido observado em ciclistas de longas distâncias, remadores, canoistas, jogadores de pólo aquático e corredores de longas distâncias. O Coração de Esportista diminui de tamanho, após o atleta abandonar os treinamentos e a competição.

CORPO: O corpo humano é constituído por incontáveis células organizadas em tecidos, por sua vez organizadas em órgãos e estes, em sistemas. Em resumo, o corpo é um conjunto de aparelhos ou sistemas. Basicamente, as células constituem todas as unidades fisiológicas visíveis do organismo vivo. Varia muito a função dessas unidades, também sua forma, tamanho e estrutura. Os tecidos são massas de células. A diferentes tipos de tecidos correspondem diferentes formas de células; estas, porém, são iguais dentro de cada um deles. O mais difuso no corpo é o conjuntivo que, em suas diferentes modalidades, fibrosa, elástica, cartilaginosa, óssea, e em suas combinações, forma a armação do organismo. Os órgãos constituem estruturas diferenciadas e adaptadas a funções definidas dentro do corpo. Alguns órgãos aparecem subdesenvolvidos, outros rudimentares e inúteis, como o apêndice cecal. O corpo humano se compõe de dez sistemas ou aparelhos; nervoso, esquelético, digestivo, circulatório, respiratório, reprodutor, excretor, muscular, endócrino e linfático. Todos os seres humanos possuem fisiológica e anatômicamente os mesmos tipos de aparelhos, ór-gãos, tecidos e células. Os indivíduos de uma mesma raça apresentam a mesma estrutura corporal. Contribuem para estabelecer pronunciados de diferentes fatores, como hereditariedade, atividade, estado de saúde e as deformidades.

Teoria e prática do TREINAMENTO ESPORTIVO

CÓRTEX MOTOR: Área na matéria cinzenta do córtex cerebral do cérebro que gera os impulsos nervosos. que produzem os movimentos voluntários. o córtex motor do hemisfério cerebral direito controla as contrações dos músculos voluntários do lado esquerdo do corpo. Áreas específicas dentro do córtex motor controlam movimentos voluntários específicos.

CREATINCINASE: Enzima que governa a reação entre o difosfato de adenosina (ADP) e o fosfato de creatina (CP) na formação do trifosfato de adenosina (ATP) no sistema energético alático. Sua presença no sangue é usada como uma avaliação da extensão do dano muscular após o exercício excêntrico.

CROSS-TRAINING: Programa de exercícios que incorpora atividades físicas variáveis para desenvolver a aptidão física geral. As adaptações fisiológicas obtidas com esse programa de exercícios são do tipo central, sem sobrecarga periférica. Exemplo: nadar, pedalar, correr, aeróbica, musculação, etc.

DÉBITO CARDÍACO: Quantidade de sangue bombeado dos ventrículos esquerdo e direito por unidade de tempo. Ele é o produto da freqüência cardíaca pelo volume sistólico. Em repouso é cerca de 5 l/min, e aumenta até 25 l/min em níveis máximos de exercício numa pessoa normal. Os atletas de resistência podem atingir níveis de débito cardíaco entre 35 e 40 l/min.

DÉBITO DE OXIGÊNIO: O consumo total de oxigênio após o exercício, menos o consumo inicial de repouso. O mais alto Débito de Oxigênio é registrado após cargas de trabalho físico máximo de 40 a 180 segundos de duração.

DENSIDADE CAPILAR: Número de capilares por milímetro quadrado de tecido muscular. Um aumento na densidade capilar é vista no treinamento aeróbico, primariamente nas fibras de contração lenta. Ela causa uma diminuição na distância que o gás precisa para se difundir, aumentando diretamente a proporção da difusão.

DENSIDADE CORPORAL: Massa do tecido corporal por unidade de volume (g/cc). É expressa em peso corporal (kg) pelo volume corporal (l). Pode ser usada para estimar a percentagem de gordura, pelo uso de várias fórmulas.

DEPLEÇÃO DE GLICOGÊNIO: Em exercícios de resistência que excedem 2 horas, e são realizados com intensidade relativamente alta, os estoques de glicogênio nos músculos e no fígado diminuem de forma abrupta, levando a sentimentos e à exaustão, na medida em que os estoques vão sendo depletados.

DESACELERAÇÃO: Diminuição da velocidade por unidade de tempo.

A terminologia do treinamento

DESCANSO ATIVO: Tempo de recuperação na montagem do treinamento ao término da temporada competitiva. No descanso ativo o treinamento não é completamente abandonado, porque neste caso as adaptações alcançadas nos últimos tempos de treinamento regrediriam demais. No descanso ativo não há elevação de cargas, porém as capacidades são mantidas pela prática de outras atividades do que aquelas da modalidade. Também chamado Período de Transição.

DESIDRATAÇÃO: Perda excessiva de água do organismo. Muitas vezes é resultante de uma grande transpiração provocada pelo calor. Para evitá-la, é preciso aumentar a ingestão de líquidos.

DESTREINAMENTO: Do inglês "detraining". É a reversão, a desadaptação, que ocorre assim que o programa de exercícios cessa. Os efeitos do destreinamento ocorre mais rapidamente do que os ganhos do treinamento, com significantes reduções no transporte de oxigênio, nas atividades enzimáticas e na capacidade de trabalho geral, dentro de duas semanas após cessar o treinamento. Também chamado princípio da reversibilidade da ação.

DETECÇÃO DE TALENTO: Termo usado para a seleção de talentos esportivos com idéias de desenvolvimento futuro, realizado em diferentes níveis por várias instituições (clubes, escolas, etc.,). Refere-se ao procedimento que resulta na seleção da população em geral daqueles indivíduos que são indicados para um programa de treinamento esportivo de altos rendimentos.

DIÁRIO DO TREINAMENTO: É um registro escrito realizado pelo atleta ou pelo treinador do treinamento e competições realizadas, incluindo os fatores subjetivos e objetivos que influenciam o treinamento. Permite que o atleta e o técnico reflitam sobre os progressos ou a falta deles no planejamento a longo prazo.

DIÓXIDO DE CARBONO (CO_2): Substância resultante do metabolismo aeróbico. Enquanto o oxigênio é utilizado pelos músculos, um volume similar de dióxido de carbono está sendo produzido, transportado (pelo sangue) para os pulmões e expirado. É um gás sem cor e sem odor. O nível de dióxido de carbono no sangue regula a freqüência respiratória e o equilíbrio ácido básico do sangue. Outros líquidos corporais são influenciados pelos níveis de dióxido de carbono e seus componentes.

DISTENSÃO MUSCULAR: Nome comum para uma ruptura de fibras musculares ou do tecido fibroso do músculo, tendão ou ligamento, geralmente causado por um esforço muito grande ou por estresse muscular. Também chamado estiramento muscular.

DOPING: Emprego de substâncias ou utilização de meios tendo por fim aumentar artificialmente o rendimento do atleta que participa de uma

175

Teoria e prática do TREINAMENTO ESPORTIVO

competição esportiva , ou que se prepara para a mesma, quando isto puder prejudicar a sua integridade física ou psíquica. Acredita-se que o seu uso pode provocar modificações psicológicas, lesões ao fígado e prejudicar seriamente o sistema cardiovascular. Nos homens, o seu uso às vezes provoca uma redução da espermatogênese e da dimensão dos testículos; nas mulheres observa-se uma determinada masculinizarão, acne, o desenvolvimento de um sistema pelífero de tipo masculino, assim como a supressão das funções ováricas e da menstruação. Em eventos esportivos internacionais, as associações exigem testes de "doping", que são administrados com regras rígidas.

DOPING **DE SANGUE:** Remoção do sangue, seguido de reinfusão de suas células vermelhas várias semanas depois, na esperança de aumentar a concentração de hemoglobina e assim a capacidade de condução de oxigênio do sangue para melhorar a resistência. É um procedimento proibido.

DURAÇÃO: Na Teoria do Treinamento Físico, é o tempo que alguém se submete ao exercício físico ou ao treinamento de alguma habilidade motora. Normalmente é expresso em minutos ou horas. É um conceito importante na prescrição do exercício.

ECONOMIA DO ESPORTE: Área que investiga todas as questões pertinentes ao relacionamento do Esporte com a Economia. Essa conexão começa a receber atenção profissional. O Esporte, como um importante fator econômico, é uma parte inegável das sociedades industriais modernas. Seu volume de negócios alcança bilhões de dólares em equipamentos esportivos e roupas, em construções de instalações, em propaganda, e no Esporte profissional. Para governos e para a economia, possui significância nacional e internacional.

EFEITO MAGNO: Nome dado ao mecanismo pelo qual uma força de sustentação é gerada da influência que a rotação tem na trajetória seguida por um corpo que se desloca através de um fluido. A rotação causa um diferencial de pressão em cada lado do objeto, resultando numa trajetória curvilínea do objeto. O Efeito Magno tem importante papel no tênis de mesa, beisebol, voleibol e futebol. Ele provoca mudança na direção da bola. É o que acontece quando se "chuta com efeito" no futebol.

EFEITOS DO TREINAMENTO: Modificações anatômicas fisiológicas, psíquicas e sociais proporcionadas pelo processo do treinamento. São conhecidos como adaptações, que o organismo se submete em virtude do estímulo do treinamento.

ELASTICIDADE: Propriedade que apresentam certos corpos de retornar à sua forma primitiva, após cessar a ação que nele produziu uma deformação. É o caso dos músculos.

176

A terminologia do treinamento

ELETROMIOGRAFIA: Avaliação da atividade da musculatura esquelética através da medida da mudança nos potenciais de ação produzida pela inervação. As medidas são feitas diretamente com eletrodos de agulhas colocadas entre as fibras musculares, ou indiretamente pela integração dos potenciais durante um certo tempo, com eletrodos de superfície colocados na pele.

ELETROMIOGRAMA: Traçado que representa a atividade das membranas do músculo excitáveis eletricamente.

ENERGIA: 1 - Propriedade de um sistema que lhe permite realizar trabalho. A energia pode ter várias formas: mecânica, química, potencial, elétrica, eletromagnética, cinética, calorífica, etc.; 2 - Em Fisiologia, é o produto no corpo da "combustão" de glicose e gordura usando o oxigênio (causando a liberação de energia e a formação de produtos restantes, água e dióxido de carbono). O resultado é a capacidade para a atividade em níveis orgânicos e celulares. Nas células dos músculos, a liberação de energia é efetuada pela conversão de trifosfato de adenosina (ATP) em difosfato de adenosina (ADP) ou monofosfato de adenosina (AMP), um processo que é reversível e pode ser constantemente suprido, na medida em que a célula recebe nutrientes. A nível orgânico, a quantidade de energia usada pode ser calculada com a medida do oxigênio consumido. A unidade de medida é a caloria. O número de calorias que uma pessoa usa em um dia depende do indivíduo (idade, sexo, tipo físico e fatores ambientais) e o esforço realizado. Sem qualquer esforço, no entanto, uma pessoa usa cerca de 1700 a 1900 calorias por dia, somente com os processos vitais.

ENERGIA AERÓBICA: Energia que resulta da quebra de carboidratos, gorduras e proteínas dentro do ciclo de Krebs e do sistema de transporte de elétrons. Nesse tipo de transformação de energia exige-se oxigênio.

ENERGIA CINÉTICA: Capacidade de um objeto de realizar trabalho em virtude de seu movimento linear ou angular. É medida em joules (J).

ENERGIA ELÁSTICA: Energia potencial desenvolvida quando um objeto é alongado além de seu comprimento natural.

ENERGIA MECÂNICA: A capacidade de realizar trabalho. A energia é medida em joules.

ENERGIA POTENCIAL: Energia que um corpo possui devido a haver alguma distância entre ele e o nível da superfície da Terra. É medida em joules. EP = Mgh, onde M = massa de corpo, g = aceleração da gravidade e h = altura sobre a referência.

EQUILÍBRIO: Estado de um sistema cujo movimento não muda ou estado em que a soma das forças que agem sobre o corpo é igual a zero. Quando o

Teoria e prática do TREINAMENTO ESPORTIVO

corpo está estacionário, o equilíbrio é estático; quando ele estiver com velocidade constante, o equilíbrio é dinâmico.

EQUILÍBRIO DINÂMICO: Capacidade de manter o corpo em equilíbrio enquanto se move. Por exemplo, no "skate", patinação.

EQUILÍBRIO ESTÁTICO: Capacidade de manter o corpo em uma posição específica. Por exemplo, na parada de mãos.

EQUILÍBRIO HOMEOSTÁTICO: Estado no qual as funções e condições corporais estão dentro de uma amplitude segura e aceitável.

EQUIPE ESPORTIVA PROFISSIONAL: Grupo de atletas que adquiriram as habilidades e conhecimento necessário para trabalhar no esporte como uma ocupação ou profissão. Sua participação traz lucros e meios de subsistência. Refere-se aos atletas e também às pessoas envolvidas na equipe que organizam a atividade como um negócio. A atividade desses "trabalhadores" envolve uma combinação de brincadeira e de trabalho.

EQUIVALENTE RESPIRATÓRIO: Volume de ar respirado relativo ao oxigênio consumido. Cerca de 20 a 25 litros por litro de oxigênio consumido em repouso. Aumenta para 30 a 40 litros por litro de oxigênio consumido em exercícios com intensidade acima do limiar ventilatório.

ERITRÓCITO: Célula sangüínea que contém hemoglobina, responsável pelo transporte de oxigênio. O dióxido de carbono e o monóxido de carbono são também transportados pelos eritrócitos. Também chamado células vermelhas do sangue.

ESFRIAMENTO: A última fase de uma aula ou sessão de treino que ajuda o corpo a retornar ao seu estado metabólico normal. Também chamado "volta à calma".

ESPECIALIZAÇÃO: Na Educação Física é um processo pelo qual a pessoa aprofunda seus conhecimentos numa área específica. A especialização no Esporte e/ou na atividade física é feita por meio de atividades ou exercícios que levam à aquisição ou aprimoramento das habilidades específicas do esporte e/ou da atividade física.

ESPECIALIZAÇÃO PRECOCE: Termo utilizado para expressar o processo pelo qual as crianças tornam-se especializadas em um determinado Esporte mais cedo do que a idade apropriada para tal. A prática especializada das habilidades de um determinado Esporte, sem a prática das atividades motoras características da idade das crianças, quase sempre traz como conseqüência o abandono prematuro da prática esportiva.

ESPECIFICIDADE DO TREINAMENTO: Envolve as melhoras das capacidades motoras, das atividades funcionais ou específicas do Esporte ou atividade física praticada, com exercícios que se aproximam da atividade

A terminologia do treinamento

desejada. Com a especificidade do treinamento atinge-se um padrão de recrutamento muscular, melhorando a sincronização das unidades motoras.

ESPORTE: Uma definição precisa de Esporte e impossível, devido à grande variedade de significados. Quase tudo que é entendido sob o termo Esporte, é menos determinado por análises científicas em seus domínios do que pelo uso diário e desenvolvimento histórico, e transmitido pelas estruturas sociais, econômicas , políticas e judiciais. Para os sociólogos do Esporte uma definição bastante aceita diz: "é uma atividade competitiva, institucionalizada, qu? envolve esforço físico vigoroso ou o uso de habilidades motoras relativamente complexas, por indivíduos, cuja participação é motivada pela combinação de fatores intrínsecos e extrínsecos.

ESTADO DE ANSIEDADE COMPETITIVA: Em Esportes, é a extensão pela qual um indivíduo percebe uma situação esportiva competitiva como ameaçadora na hora da competição.

ESTADO DE ANSIEDADE SOMÁTICA: A percepção individual de ameaça que é exibida por respostas fisiológicas e corporais, tais como o aumento da freqüência cardíaca, a "falta de ar", mãos úmidas, "frio na barriga" e músculos tensos. É relacionado positivamente com a excitação autonômica. Pode ser reduzido por estratégias físicas como o exercício, ao contrário das técnicas cognitivas.

ESTERÓIDE ANABÓLICO: Derivado do hormônio sexual masculino (testosterona), que resulta num efeito quase que exclusivamente anabolizante (sintetizador de proteína). É utilizado por muitos atletas para conseguir crescimento muscular adicional; pode levar a efeitos colaterais insalubres e causar danos a certos órgãos. É considerado "doping" e proibido pelos órgãos esportivos.

EXERCÍCIO: Seqüência planejada de movimentos repetidos sistematicamente, com o objetivo de elevar o rendimento. O exercício físico constitui uma exigência básica para o desenvolvimento adequado do corpo. A falta dele tende a produzir uma flacidez dos músculos, o acúmulo excessivo de gorduras, a eliminação insuficiente dos produtos de excreção do organismo e ainda uma lentidão do processo digestivo, podendo levar às chamadas doenças hipocinéticas. Os exercícios físicos apropriados para o desenvolvimento de certos aspectos da condição física, são descritos por termos como exercícios de resistência, exercícios de força, exercícios de velocidade, exercícios de flexibilidade, etc.

EXERCÍCIO DE RESISTÊNCIA VARIÁVEL: Tipo de movimento realizado em aparelhos que alteram a quantia de resistência dentro de uma amplitude de movimento em uma repetição simples.

Teoria e prática do TREINAMENTO ESPORTIVO

EXERCÍCIO INTERMITENTE: Atividade realizada com períodos alternados de intensidade intensa e descansos.

EXERCÍCIO ISOCINÉTICO: Movimento sistematizado, no qual o tamanho do músculo muda, embora a contração seja realizada com velocidade constante contra uma resistência. É executado por meio de aparelhos isocinéticos.

EXERCÍCIO ISOMÉTRICO: Exercício que envolve uma contração muscular na qual o tamanho do músculo permanece constante, enquanto a tensão é desenvolvida contra uma resistência imóvel.

EXERCÍCIO ISOTÔNICO: Exercício que envolve uma contração muscular na qual a força é gerada enquanto o músculo muda em tamanho, diminuindo-o ou alongando-o.

EXERCÍCIOS DE COMPETIÇÃO OU DE JOGO: São os exercícios que coincidem completamente com a estrutura do movimento que é realizado na competição ou no jogo.

EXERCÍCIOS ESPECÍFICOS: São aqueles que possuem uma estrutura do movimento efetuado na competição ou jogo, mas que solicitam outras exigências de sobrecargas de treino. Eles adaptam os grupos musculares do mesmo modo que são exigidos na realização do movimento na competição ou no jogo.

EXERCÍCIOS GERAIS: São exercícios construídos, que não contêm nenhum elemento dos movimentos que são utilizados na competição ou jogo. Eles desencadeiam processos de adaptação numa perspectiva diversificada e multilateral, não tendo relação direta com o rendimento.

FADIGA: É a redução reversível na capacidade funcional de organismo, devidos ao estresse físico e psicológico. Ela causa uma diminuição da força e da velocidade, resultando em erros, falta de coordenação, atraso no tempo de reação e na diminuição da performance.

FADIGA MENTAL: Estado psicológico, freqüentemente devido a uma sobrecarga mental, a aborrecimentos ou tédio, que resulta num funcionamento mental reduzido.

FADIGA MUSCULAR: Diminuição da capacidade funcional de um músculo ou de um grupo de músculos. As mudanças bioquímicas no tecido muscular leva a uma inibição dos centros motores pelos impulsos aferentes.

FADIGA NERVOSA: É caracterizada pela diminuição do desempenho e da capacidade funcional do organismo causada pelos estresse, e não pode ser localizada em um órgão específico.

FAIR PLAY: Jogo limpo.

A terminologia do treinamento

FARTLEK: É um tipo de treinamento fracionado, realizado em plena natureza, na forma de jogo. É uma variação do método de resistência. O atleta varia o ritmo de acordo com a situação (experiência subjetiva, características do terreno) e ajusta a distância e a intensidade da corrida. Esse método permite aumentar a capacidade aeróbica e anaeróbica, assim como a resistência específica do atleta.

FASE DE APOIO: A parte do movimento locomotor entre os períodos de vôo, quando pelo menos uma perna está em contato com o solo, sustentando o peso corporal.

FIBRA MUSCULAR: A unidade estrutural básica do músculo; a célula do músculo. Contém os elementos contráteis do músculo. Possui vários núcleos.

FIBRA OXIDATIVA: Tipo de fibra muscular esquelética pequena, enervada por um neurônio motor alfa 2, e caracterizada por um tempo de contração lento, capacidade metabólica oxidativa alta (aeróbica) e glicolítica (anaeróbica) baixa; recrutada primariamente para atividades prolongadas. Também chamada Fibra Tipo I.

FIBRA RÁPIDA GLICOLÍTICA: Tipo de fibra muscular esquelética volumosa, enervada por um neurônio motor alfa 1 e caracterizada por um tempo de contração rápido, capacidade metabólica glicolítica (anaeróbica) alta e oxidativa baixa (aeróbica). Usada nos movimentos rápidos e curtos. Também chamada Fibra Tipo II b.

FIBRA RÁPIDA GLICOLÍTICA OXIDATIVA: Tipo de fibra muscular esquelética volumosa, inervada por um neurônio motor alfa 1 e caracterizada por um tempo de contração rápido, capacidade metabólica glicolítica (anaeróbica) alta e oxidativa media (aeróbica); recrutada primariamente para contrações de alta intensidade, como nos eventos de corridas de distâncias médias (800 - 1500 metros). Também chamada Fibra Tipo II a.

FILOSOFIA DO ESPORTE: Estudo da interpretação do esporte, como um fenômeno social e individual assim como um domínio educacional, com vários pontos de vista: antropologia filosófica, estética, filosofia existencial, filosofia de vida, filosofia social e cultural são direcionadas no domínio do esporte à investigação do brincar, lazer, recreação, higiene, performance, educação, conceito de equipe, esporte de massa, a questão corpo/mente, o valor da atividade esportiva para a moral e desenvolvimento da personalidade, a singularidade do esporte, o significado do absurdo associado especialmente com o esporte de alto nível e muito mais. A Filosofia do Esporte é uma disciplina nova, que se desenvolveu apenas na última década, indo além da filosofia tradicional da educação física. Ela tem tradicionalmente se concentrado nos atletas individuais, no ser humano envolvido no esporte;

Teoria e prática do TREINAMENTO ESPORTIVO

contudo nos últimos anos a significância social-filosófica assim como a cultural-filosófica ganhou muito reconhecimento. Novos temas incluem a construção de significados, a função dos símbolos, os mecanismos de compensação social, identificação e liberação de tensão.

FINTA: É uma ação enganosa nos jogos coletivos ou nos esportes de luta. Essa ação enganosa se baseia na mudança da estrutura do movimento subjacente à execução normal do movimento. O oponente é levado pelo movimento enganoso durante a fase preparatória, que o faz esperar uma fase principal diferente do movimento do que aquele que é realmente executado.

FISIOLOGIA DO EXERCÍCIO: Estudo das funções do organismo em relação ao esporte, trabalho, exercício ou do treinamento físico.

FITNESS: Um termo bem amplo, que denota um estado dinâmico que permite a pessoa satisfazer suas próprias necessidades, tais como a estabilidade mental e emocional, a consciência e adaptação social, a fibra moral e espiritual, e a saúde orgânica consistente com a sua hereditariedade.

FLEXIBILIDADE: É a capacidade de realizar movimentos em certas articulações com apropriada amplitude de movimento. Em situações práticas, há a distinção entre flexibilidade estática (no espacato em Ginástica Olímpica), flexibilidade ativa (o movimento é executado ativamente) e flexibilidade passiva (onde há influências de forças externas). Ela é um pré-requisito básico para a execução tecnicamente correta dos movimentos. Embora seja classificada como capacidade condicional, ela tem grande participação do sistema nervoso central, portanto é também uma capacidade coordenativa. Também denominada extensibilidade ou mobilidade articular.

FORÇA: Qualquer ação que causa uma mudança no estado de movimento de um objeto. É o produto da massa de um objeto pela sua aceleração linear. A força é medida em newtons (N). Do ponto de vista fisiológico, a força é a capacidade de exercer tensão contra uma resistência, que ocorre por meio de diferentes ações musculares.

FORÇA ABSOLUTA: É a força máxima de uma pessoa, sem nenhuma consideração ao seu tamanho corporal.

FORÇA CENTRÍFUGA: É uma força que "puxa" para fora durante um movimento de rotação, isto é, ela é dirigida no sentido oposto ao do eixo de rotação.

FORÇA CENTRÍPETA: É aquela que "puxa" para dentro durante um movimento de rotação, isto é, ela é dirigida para o eixo de rotação.

FORÇA DE PARTIDA: Capacidade da musculatura de gerar a maior força possível no tempo mais curto possível, no início do esforço. Ela é

182

A terminologia do treinamento

independente do tamanho da resistência submáxima e representa um componente relativamente independente da potência. Ela é decisiva para o rendimento, quando há necessidade de reagir a um estímulo com velocidade e alta aceleração, como no boxe.

FORÇA DE REAÇÃO: Uma força igual e oposta exercida por um corpo como resultado de uma força aplicada por outro corpo.

FORÇA DE REAÇÃO DO SOLO: É uma força igual e oposta do solo, para com toda força aplicada contra ele.

FORÇA DE REAÇÃO DO SOLO VERTICAL: O componente da força de reação do solo que atua perpendicular à superfície do solo.

FORÇA EXTERNA: São forças externas a um sistema. São forças devidas à resistência do ar, gravidade e ao contato com o solo ou com algum corpo.

FORÇA MÁXIMA: É o mais alto valor da força obtido durante uma contração máxima voluntária contra uma resistência imóvel.

FORÇA MUSCULAR: Grau de tensão exercido pelo músculo contra uma resistência.

FORÇA RÁPIDA: Também chamada de Força explosiva ou potência. É a capacidade caracterizada por aplicações de grande força no menor tempo possível contra uma resistência submáxima. Na maioria dos esportes a Força Rápida é o fator determinante do rendimento.

FORÇA RELATIVA: Capacidade de exercer o máximo de tensão muscular em relação ao tamanho da pessoa (peso corporal).

FORMA: Termo usado no Esporte e nas atividades físicas para expressar um estado de condições ótimas nos seguintes aspectos: condição física, habilidade técnica, estratégia, disposição, estabilidade psicológica e humor. Estar "em forma" significa apresentar bons níveis dessas condições. No Esporte de alto nível significa um estado de predisposição ótima para a obtenção de resultados esportivos.

FORMAS DE TREINAMENTO: São descrições do treinamento do atleta em termos dos detalhes do conteúdo especifico do treinamento. Essa síntese do conteúdo e do método de treinamento é essencial na formulação dos planos de treinamento, que indica ao atleta a forma de uma seqüência particular de treino. Na literatura de treinamento esse termo é usado com várias conotações, entre outras: tipo de treino, conteúdo do treino, método de treino, meios de treinos, etc.

FOSFÁGENOS: Trifosfato de Adenosina (ATP) e fosfato de creatina (CP), duas moléculas de fosfatos de alta energia que podem ser quebradas para uso imediato pelas células.

183

Teoria e prática do TREINAMENTO ESPORTIVO

FOSFATO DE CREATINA: Também chamado Creatina Fosfato. É um fosfato rico em energia que forma uma reação química com o ADP, com a ajuda da enzima creatincinase. Durante essa reação o fosfato, assim como a energia, são transferidos para a molécula de ADP e resulta na criação do ATP. A reserva de Fosfato de Cretina é suficiente para um esforço muscular máximo de 6-20 segundos e pode ser aumentada pelo treinamento.

FOSFOFRUTOCINASE: Enzima da via glicolítica envolvida na degradação química da glicose para ácido pirúvico. Ela regula a rapidez glicolítica. Os atletas envolvidos nas atividades anaeróbicas têm níveis mais elevados dessa enzima, aumentando sua capacidade de produzir ATP anaerobicamente. Ela é encontrada predominantemente nas fibras musculares glicolíticas, de contração rápida.

FOSFOGÊNIO: Nos tecidos excitáveis, um composto armazenador de energia, contendo um grupo fosfato de alta energia, usualmente em equilíbrio enzimático com fosfato terminal do ATP.

FRATURA DE ESTRESSE: Também chamada fratura de fadiga ou de sobrecarga. Ocorre freqüentemente como resultado de agressões repetidas sobre o esqueleto originando microtraumas, cujos efeitos se somam para provocar uma fratura, equivalente a uma agressão aguda. Na maioria dos casos não são visíveis radiologicamente, a não ser após 15-20 dias, devido à presença do calo ósseo.

FREQÜÊNCIA CARDÍACA: Número de vezes por minuto que o coração se enche de sangue e bombeia-o para o sistema vascular. Em repouso, a FC do adulto está entre 60 e 70 vezes por minuto.

FREQÜÊNCIA CARDÍACA ALVO: É a freqüência cardíaca que deve ser atingida durante o exercício, para obter um efeito de treinamento cardiovascular. Recomenda-se usar de 65% a 85% da freqüência cardíaca máxima. Pode ser calculada usando a Fórmula de Karvonen.

FREQÜÊNCIA CARDÍACA MÁXIMA: A mais alta pulsação que um indivíduo pode obter. Pode ser obtida pela fórmula: 220 menos o valor da idade em anos (220 - idade = FC Máx). Com o avançar da idade a Freqüência Cardíaca Máxima diminui.

FREQÜÊNCIA DE PULSO: Expansão rítmica de uma artéria produzida por uma ejeção do sangue pelos ventrículos que se contraem. Ela é usualmente monitorizada na artéria radial ou na carótida para quantificar a intensidade do exercício. Usada como indicador da freqüência cardíaca. Em repouso, vai de 60 a 75 batimentos por minuto. Em esforços máximos de exercício pode exceder a 200 batimentos por minuto.

FREQÜÊNCIA DE TREINAMENTO: Refere-se ao número de unidades de treinamento dadas em um determinado período de tempo. Na prática, ela é

A terminologia do treinamento

determinada pelos vários ciclos de treinamento. Uma medida comum é a freqüência de treinamento semanal (microciclo).

FREQÜÊNCIA RESPIRATÓRIA: Respirações por unidade de tempo (usualmente por minuto). Em adultos jovens é de aproximadamente 12 respirações/minuto em repouso, e pode exceder 40 respirações por minuto em níveis máximos de exercício.

FUSO MUSCULAR: Órgão sensitivo proprioceptor, localizado dentro do músculo que é sensível ao alongamento. Serve para desencadear reflexos miotáticos durante o alongamento e através deles a coordenação motora. Ele dá "feedback" ao sistema nervoso central em relação à mudança no tamanho das fibras musculares e da velocidade da mudança em tamanho.

GASTO ENERGÉTICO: A quantidade de energia liberada durante um período de tempo. É calculado usando o produto do consumo de oxigênio e do equivalente calórico correspondente à proporção de troca respiratória (VO_2 l/min × equivalente calórico). É medido em joules. Um joule é a energia gasta quando 1 kg é movido 1 metro pela força de um newton. A unidade de energia usada nos estudos de nutrição é o quilocaloria (kcal), que é equivalente a 4,185 quilojoules (kJ) e corresponde a um consumo de 200 ml de oxigênio.

GLICOGÊNIO: Forma de armazenamento dos carboidratos no corpo. Armazenado nos músculos esqueléticos e no fígado. Uma molécula altamente ramificada, feita de unidades de glicose unidas uma às outras. A depleção desse substrato como resultado de exercícios prolongados (geralmente mais de 2 horas) está associada com o surgimento da fadiga.

GLICOGENÓLISE: Quebra de glicogênio para suprir glicose para a glicólise. Uma série de reações catalisadas por enzimas "quebra" as subunidades de glicose da molécula de glicogênio. Esse processo ajuda na manutenção dos níveis de glicose durante o exercício prolongado.

GLICÓLISE: Quebra da glicose e de outros açucares através de uma série de reações catalisadas por enzimas, resultando ácido pirúvico (glicólise aeróbica) ou ácido lático (glicólise anaeróbica), liberando energia para o corpo na forma de ATP. Constitui a fonte energética responsável pelo catabolismo inicial da glicose ou glicogênio.

GLICÓLISE ANAERÓBICA: Via metabólica na qual o músculo usa a glicose rapidamente, liberando grandes quantidades de energia para os movimentos rápidos e intensos, dando como produto final o ácido lático.

GLICONEOGÊNESE: Processo pelo qual substratos energéticos, que não carboidratos (por exemplo, ácido lático e proteínas), formam glicogênio ou glicose no fígado. Esse processo ajuda a manter os níveis de glicose durante

Teoria e prática do TREINAMENTO ESPORTIVO

os eventos de resistência, quando os estoques de glicogênio devem ser depletados.

GLICOSE: Forma de açúcar essencial que fornece energia para o corpo através de sua combustão com oxigênio (formando água e dióxido de carbono). É produzida pela quebra dos carboidratos ingeridos como alimentos, e é armazenada na forma de glicogênio no fígado e em quantidades menores nos músculos. Sua presença na corrente sangüínea é regulada por vários hormônios, particularmente insulina e glucagon. Muita glicose (hiperglicemia) ou pouca glicose (hipoglicemia) pode levar a sintomas potencialmente perigosos. A combustão de 1 grama de glicose resulta em 4,1 kcal de energia.

GLÓBULOS BRANCOS: Também chamados leucócitos, são as células brancas do sangue. Cada milímetro cúbico de sangue contém de 5.000 a 10.000 glóbulos brancos. Entretanto, nem todos esses corpúsculos sangüíneos são iguais; os mais numerosos são os granulócitos, que são produzidos na medula óssea. Os linfócitos, que intervêm na criação de anticorpos, são produzidos no baço e nos nódulos linfáticos. Eles têm a capacidade de entrar e sair na corrente sangüínea à vontade. Contando o número de glóbulos brancos, fica-se sabendo se o mecanismo de defesa do organismo está em condições de funcionar, pois em caso de infecção o número de glóbulos brancos deverá aumentar.

GLÓBULOS VERMELHOS: Também chamados eritrócitos, são as células vermelhas de sangue. Normalmente, existem cerca de 5 milhões de glóbulos vermelhos em cada milímetro cúbico de sangue. Eles são produzidos na medula dos ossos. Sua cor vermelha é devida à presença da hemoglobina, rica em ferro e que realiza a tarefa vital de transportar o oxigênio dos pulmões aos tecidos e de retirar dos tecidos o gás carbônico para sua expulsão por via pulmonar.

GORDURA: Combinação de ácidos graxos e glicerina (glicerol) que contém duas vezes a quantidade de energia das proteínas e carboidratos. Por isso, as gorduras representam a maior forma pela qual a energia é armazenada no corpo. A gordura da dieta providencia os ácidos graxos como meio para a absorção de certas vitaminas nos intestinos. Alimentos ricos em gorduras incluem os produtos lácteos, ovos, carnes e óleos vegetais. A armazenagem é mais abundante no tecido adiposo, sob a pele, cujo excesso leva à obesidade. As gorduras insaturadas (como aquela dos produtos animais) são ricas em colesterol; e as polinsaturadas (encontrada nos óleos vegetais) não são.

GORDURA INSATURADA: Ácidos graxos que contêm ligações duplas entre os átomos de carbono e que são capazes de absorver mais hidrogênio. Essas gorduras são líquidas na temperatura ambiente e usualmente de origem vegetal.

A terminologia do treinamento

GORDURA POLINSATURADA: Gordura encontrada nos óleos vegetais, que contêm moléculas que têm muitos átomos de carbono unidos por ligações duplas ou triplas. Elas são "insaturadas", porque teoricamente podem absorver átomos adicionais de hidrogênio, e são consideradas dieteticamente mais saudáveis do que as gorduras saturadas (como aquelas dos produtos animais).

GORDURA SATURADA: Ácidos graxos que carregam o número máximo de átomos de hidrogênio. Essas gorduras são sólidas na temperatura ambiente e são usualmente de origem animal.

HABILIDADE ESPORTIVA: Grau de qualidade da coordenação de movimentos no decurso de ações esportivas. A habilidade esportiva é uma complexa característica de movimento do atleta, que coloca o resultado de possibilidades de coordenação altamente desenvolvidas no sistema nervoso central, baseado nas características do movimento e nas suas avaliações precedentes. Ela capacita o atleta a dominar complexos movimentos de coordenação, aprender num tempo mais curto prontidões de movimentos esportivos e de outros atos motores.

HABILIDADE MOTORA: Atos motores que surgem dos movimentos da vida diária do ser humano e dos animais, expressa em grau de qualidade de coordenação de movimentos. Habilidade motora encontra-se nos movimentos do dia-a-dia e do trabalho, como também na área dos Esportes.

HABILIDADES: São atos específicos, automáticos, movimentos predeterminados a um dado estímulo. São apreendidas através da prática. As habilidades são sujeitas a influências sócio-culturais e podem se relacionar a todas as ações automatizadas, isto é, habilidades intelectuais também. Quando as habilidades se relacionam a movimentos concretos, como no esporte ("jump" no basquete, cortada no voleibol, chute no futebol, etc.), elas são especificadas como habilidades motoras.

HEMOGLOBINA: Pigmento vermelho dos eritrócitos que consiste em uma proteína (globina) unida com um pigmento (hematina), especificamente adaptada para carregar moléculas de oxigênio e gás carbônico. Valores normais são: 16 gramas % para os homens e 15,5 gramas % para as mulheres. Uma grama de hemoglobina transporta 1,34 ml O_2.

HIPERTROFIA CARDÍACA: Aumento em tamanho das células do coração. Pode ocorrer como uma adaptação do treinamento de sobrecarga em volume nos atletas de resistência, resultando num aumento do tamanho da câmara ventricular esquerda, ou a uma sobrecarga de pressão nos atletas de força, resultando num aumento da espessura da parede ventricular esquerda. Várias condições patológicas, incluindo doenças das válvulas e hipertensão, podem também causar hipertrofia cardíaca.

Teoria e prática do TREINAMENTO ESPORTIVO

HIPERVENTILAÇÃO: Respiração rápida, deliberada, que não é consistente com os padrões de respiração normais, absorvendo uma quantidade anormal de oxigênio. Pode haver uma redução correspondente de dióxido de carbono no sangue, podendo eventualmente causar inconsciência.

HIPOTERMIA: Condição em que a temperatura corporal abaixa muito, e por qualquer razão o mecanismo corporal de produzir calor é ineficiente. Ocorre quando a temperatura ambiente é excepcionalmente fria durante um tempo prolongado.

HIPOXIA: Redução da pressão parcial do oxigênio abaixo do valor da pressão normal no ar atmosférico, por exemplo na altitude ou na respiração de uma mistura com insuficiente oxigênio. Durante o estado de hipoxia, a capacidade de rendimento do coração, circulação, respiração e do metabolismo é diminuída.

IMPULSÃO: No Esporte, é o ato de "deixar" o chão quando se executa um salto. É a aplicação de forças contra o solo, para impulsionar o corpo no ar.

INTENSIDADE: Ação mediante a qual se realiza um exercício. Grau de vigor de um exercício. Indica quanto exigente deve trabalhar o corpo para se obter um efeito de treinamento.

INTENSIDADE DO TREINAMENTO: É a quantidade de treino por unidade de tempo, ou é a quantidade de treino em relação ao número de tentativas realizadas. As referências comuns da intensidade do treinamento são: a velocidade de corrida, o peso levantado em cada tentativa, os componentes do exercício completados, etc.

INTERVAL-TRAINING: Método de treinamento caracterizado por períodos de atividades intensas, entremeadas por períodos de gasto energético moderado. Funciona no princípio de esforço e pausa, e com isso um indivíduo pode realizar maior trabalho total em um treino, supostamente com menos fadiga do que ocorreria se o treinamento fosse continuo. Os esforços e os intervalos variam de acordo com os objetivos do treino e quais os sistemas energéticos que serão estimulados.

ISOCINÉTICA: Máquinas de treinamento da força muscular que operam com velocidade constante sobre a amplitude toda do movimento e, portanto, a tensão desenvolvida pelo músculo enquanto se encurta é máxima durante toda a amplitude do movimento. São também chamadas de máquinas de resistência acomodada, e os exercícios que operam sob este princípio são também chamados exercícios de resistência acomodada.

ISQUEMIA: Fluxo de sangue insuficiente para um tecido que resulta num suprimento inadequado de oxigênio (hipóxia); aumento do dióxido de carbono e insuficiente provisão de nutrientes.

A terminologia do treinamento

LESÕES ESPORTIVAS: Tipo de lesão, algumas vezes séria, que são acidentais em muitos Esportes, e mais incidentes em outros (como o boxe, "rugby"). Quase todo Esporte representa em risco de lesões musculares, estresse psicológico e machucados menores. Daí a necessidade de se ter um bom preparo físico para aproveitar ao máximo as alegrias do Esporte.

LEUCÓCITOS: Células brancas do sangue. Elas representam o principal elemento do sistema imunológico, engolindo, destruindo ou neutralizando os microorganismos invasores e outros corpos estranhos, produzindo anticorpos e aumentando seu número se for necessário. Eles são em três tipos principais: granulócitos (que incluem os basófilos, eosinófilos e neutrófilos) ; linfócitos e monócitos. Normalmente uma pessoa possui cerca de 7.500 leucócitos por mm^3 de sangue.

LIMIAR AERÓBICO-ANAERÓBICO: Durante um trabalho físico um ponto é atingido, no qual a liberação de energia necessária para continuar o trabalho não pode mais ser obtida puramente por processos aeróbicos. A formação de ácido lático é a indicação da liberação de energia anaeróbica. O limiar aeróbico-anaeróbico é definido como o ponto no qual o ácido lático começa a aumentar. Um nível de ácido lático no sangue arterial de 3,5 a 4,0 mol, é a maior concentração que pode ser tolerada em um trabalho físico constante, sem que haja um aumento posterior do nível de ácido lático. Também chamado Limiar de Lactato.

LINGUAGEM ESPORTIVA: A linguagem no Esporte como outra terminologia qualquer, é altamente especializada. Seu objetivo é definir e representar a área do Esporte com um vocabulário específico. A Linguagem Esportiva é utilizada na literatura especializada e nas reportagens esportivas e pelas pessoas ativas ou interessadas nos Esportes. Como uma linguagem técnica ela compreende palavras e frases do vocabulário especial nos vários tipos de Esportes e disciplinas, assim como termos derivados do palavreado popular que se tornaram específicos aos vários segmentos dos Esportes.

LUVAS: Quantia paga em dinheiro, a título de compensação ou gratificação por um serviço prestado, em troca de preferência sobre um negócio. Cobra-se luvas, compensação no caso de contratação de atletas, em que a equipe cedente investiu na formação do atleta e em seu desenvolvimento. Também o atleta costuma receber luvas em todas as transferências, por ter dado preferência à equipe escolhida.

LUXAÇÃO: Nome dado quando há separação ou deslocamento das partes ósseas numa superfície articular. É a perda completa da superfície de contato entre os ossos de uma articulação.

MANUAL DE TREINAMENTO: Anotações manuscritas sobre o treinamento e feitos competitivos do ano, bem como todos os fatores que sobre

Teoria e prática do TREINAMENTO ESPORTIVO

eles influíram, feitas pelo atleta. Normalmente um manual de treinamento contém: calendário para a colocação da periodização e para registrar as datas de treinamento e competições, incluindo os resultados de testes e notas pessoais (peso, freqüência cardíaca, acontecimentos especiais, etc.), assim como os resultados de exames médicos e fisiológicos. Pelo manual, tem-se a possibilidade de fazer reflexões sobre o treinamento executado. É muito importante para o planejamento do treinamento a longo prazo.

MEDICINA DO ESPORTE: Área de estudos da medicina prática e teórica para analisar os efeitos do exercício, do treinamento e dos Esportes, assim como a falta de exercício em pessoas sadias e doentes de todas as idades. Os achados da Medicina do Esporte deveriam servir de prevenção, terapia I e reabilitação. Em vários países a Medicina do Esporte é reconhecida como um ramo autônomo de pesquisa, de ensino (universitário) e de prática.

MEIOS DE TREINAMENTO: Todos os auxílios no quadro dos métodos de treinamento aplicados que servem ao desenvolvimento das capacidades de rendimento. Aos meios de treinamento pertencem: aparelhos esportivos e de medição; todas as medidas para o restabelecimento e elevação das capacidades de resistência do organismo, como sauna, massagens e medidas de higiene, auxílios autógenos e psicológicos, bem como os meios audiovisuais para reforço dos processos de ensino como filmes, livros educativos e outros.

METABOLISMO: A soma de todos os processos físicos e químicos nas quais o corpo fornece energia para a manutenção da vida.

METABOLISMO ANAERÓBICO: Mudanças químicas nas células vivas pelas quais a energia em forma de ATP é criada ou utilizada na ausência de oxigênio. É a maior via de produção de energia para atividades de intensidade elevada e de curta duração. É subdividido em duas partes: a porção alática, onde predomina os estoques de ATP-PC para atividades que duram menos de 20 segundos; e a porção do sistema lático, no qual são formados o ácido lático e o sistema predominante nas atividades de alta intensidade que duram menos de três minutos.

METABOLISMO BASAL: O nível mínimo de energia exigido para manter as funções vitais do corpo em repouso. É medido pela determinação do consumo de oxigênio por espirometria em circuito aberto ou fechado. Em adultos o valor normal está entre 1200 a 1700 calorias por dia.

MÉTODO DE TREINAMENTO: Procedimento planejado para alcançar os objetivos do treinamento (por exemplo, treino de velocidade, de resistência, etc.). Os conhecimentos, princípios e normalidades válidos para a metodologia como ensino de um método de treinamento, são completamente considerados no método de treinamento. É um processo planejado que envolve

A terminologia do treinamento

a seleção do conteúdo do treinamento, a maneira de organizá-lo, as interações entre o atleta e o técnico, os padrões de correção, o ajuste da sobrecarga, a seleção dos meios de treinamento, para alcançar os objetivos do treino.

MÉTODO INTERVALADO: Método de treinamento usado para melhorar a resistências, que se caracteriza por uma mudança sistemática das cargas de treino e período de recuperação incompleta. A próxima carga deve começar quando a freqüência cardíaca abaixa até 120-130 batimentos cardíacos por minuto, isto é, num estágio de recuperação incompleta.

MICROTRAUMA: Refere-se a pequenas lesões das articulações, tendões, ou musculatura. Os danos produzidos por um microtrauma desenvolvem-se vagarosamente, fazendo que uma situação esportiva típica provoque uma condição dolorosa.

MIOGLOBINA: A molécula de proteína de ferro no músculo esquelético. Contém apenas 25% da capacidade de transporte de oxigênio da hemoglobina. Ajuda na difusão do oxigênio da membrana da célula para a mitocôndria. Serve ainda como local de armazenamento do oxigênio, o qual é importante durante o exercício de alta intensidade. Uma concentração mais elevada de mioglobina está presente nos músculos dos indivíduos treinados em resistência.

MIOSINA ATPase: A enzima da miosina formada quando a miosina se junta com a actina. Catalisa a reação onde o ATP é quebrado em ADP e Pi e a energia é liberada para a contração. Sua quantidade determina a velocidade de contração. Quanto mais miosina ATPase, mais rápida a contração. Ela é encontrada em quantidades elevadas nas fibras de contração rápida, as fibras glicolíticas. Ela é usada como critério para classificar os tipos de fibras.

MITOCÔNDRIA: Estrutura subcelular especializada, localizada dentro das células do corpo, que contém enzimas oxidativas necessárias para metabolizar substâncias em fontes de energia. A glicólise aeróbica e a oxidação de ácidos graxos ocorrem dentro da mitocôndria. Conhecida como "casa de força" da célula, os indivíduos treinados aerobicamente têm mais mitocôndrias nos músculos, para melhorar sua capacidade de produção aeróbica de ATP.

MOBILIDADE ARTICULAR: Também chamada amplitude de oscilação das articulações. Movimento em uma articulação que resulta de uma frouxidão normal dos ligamentos, músculos e cápsulas. Permite movimentos de rotação, de desligamento, de corrediça. É importante para se conseguir a maior amplitude de Movimento.

MOVIMENTO: Na Física, é definido como a mudança de posição do corpo ou dos segmentos corporais no espaço e no tempo através da aplicação de

Teoria e prática do TREINAMENTO ESPORTIVO

vários graus de força. Essa definição de Física é muito estreita para responder a muitas questões que surgem na Educação Física e no Esporte. Não faz justiça à complexidade do movimento humano, que é orientado principalmente para resolver problemas e com objetivos definidos. O movimento pode ser considerado sob vários pontos de vista, e pode ser estudado de várias posições teóricas e perspectivas científicas. Na literatura, por exemplo, encontram-se: movimento mecânico (deslocamento); movimento físico (de moléculas); movimento químico (de átomos); movimento biológico (de expressão da vida; movimento social (desenvolvimento do indivíduo e da sociedade). Essas cinco perspectivas representam uma hierarquia de complexidade com relação ao movimento humano.

MOVIMENTO ACÍCLICO: Tipo de movimento cujas estruturas não apresentam repetições nas fases parciais. As ações se desenvolvem da seguinte maneira: diferentes formas, e a atividade ou ação é realizada de uma maneira, como num lançamento, salto, "kip", mortal, etc. Essa forma de movimento se caracteriza por uma estrutura de três partes: fase preparatória, fase principal e fase final.

MOVIMENTO BALÍSTICO: Movimento rápido iniciado por uma contração muscular forte, conduzida por um momento, e terminado por uma interferência com um objeto externo, ou quando alcança o limite do movimento, ou ainda por contração de músculos antagonistas.

MOVIMENTO CÍCLICO: É um movimento fechado, onde, na sua sucessão, apresenta na fase articulada representações das fases parciais. Exemplo: correr, andar, remar, pedalar, e outros.

MOVIMENTO DE SAÍDA: Serve para a passagem da posição de repouso para o movimento. No Esporte, a tarefa torna-se mais complicada, pois deve-se alcançar de um modo muito rápido a maior velocidade do movimento. Para o início, o movimento de saída deve ser precedido de uma força de saída que atua como força externa e dirigida para a frente.

MUSCULAÇÃO: Tipo de treinamento físico, onde se empregam pesos progressivamente mais pesados para melhorar a forma do físico (estética). Na competição chamada Culturismo é julgado o tamanho dos músculos, a definição, a dureza, a proporção, a simetria e a rotina de poses. Também chamada de "Body Building".

MÚSCULOS: Órgãos ativos compostos de feixes de fibras que, por sua capacidade de contraírem-se, imprimem movimentos a alguma parte do corpo. Os músculos se dividem, conforme seu aspecto ao microscópio, em lisos e estriados; segundo sua localização, em viscerais, esqueléticos e cardíaco; e segundo seu funcionamento, em voluntários e involuntários. Os músculos estriados são inervados pelo sistema nervoso central, os lisos pelo

A terminologia do treinamento

sistema nervoso autônomo. No corpo humano distinguem-se mais de 600 músculos, quase todos ligados aos 206 ossos que formam o esqueleto.

NEURÔNIO: Célula condutora do sistema nervoso que consiste num corpo celular com um núcleo e citoplasma, dentritos e axônios.

NEURÔNIO AFERENTE: Célula nervosa que conduz impulsos nervosos dos receptores sensoriais para o sistema nervoso central, também chamado neurônio sensorial.

NEURÔNIO EFERENTE : Nervo que transporta impulsos do sistema nervoso central para os receptores dos músculos. Também chamado motoneurônio ou neurônio motor.

NÍVEL DE PERFORMANCE ESPORTIVA: O nível de rendimento esportivo de um indivíduo que é conseguido em um determinado momento. Os seguintes componentes que determinam a performance podem ser distinguidos: a condição física, a condição técnica, a condição tática e os componentes psicossociais.

NUTRIÇÃO: Estudo dos nutrientes e de sua digestão, absorção, metabolismo, interação, armazenamento e excreção. É o suprimento e a ingestão das substâncias necessárias para o metabolismo do corpo. As substâncias são divididas em três tipos: as que contém energia; as que liberam energia; e as substâncias de construção. A ingestão diária é determinada pelo gasto basal (a necessidade individual para manter a eficiência e funcional das células e dos sistemas celulares) e o gasto com atividade física. As substâncias que contêm energia são os carboidratos e a gorduras. A porção de carboidrato na nutrição deve ser de 50-55%. A gordura pode ser armazenada em grandes quantidades, como reserva de energia. A porção de gorduras na nutrição deve ser de 20-30%. As substâncias que liberam energia são a água e as vitaminas. Somente substâncias solúveis em água podem ser metabolisadas. A necessidade diária de liquido é de 2 litros, e a perda por hora durante a atividade física é aproximadamente 1 litro, que deve ser reposto imediatamente. As vitaminas funcionam como enzimas durante as trocas energéticas e os processos anabólicos. Elas podem apenas ser ativadas pelo organismo, não produzidas, por isso precisam ser ingeridas. As substâncias de construção são as proteínas. A porção de proteínas na nutrição é cerca de 18% ou 1 g/kg de peso corporal, podendo chegar a 2,5 g/kg de peso durante um treinamento intenso. A Nutrição providencia o crescimento e o desenvolvimento (incluindo a cicatrização, quando necessária), e dá energia. Ela depende do tipo de dieta. Muito ou pouco alimento, ou alimento muito rico ou muito baixo em nutrientes, atrapalha a nutrição.

NUTRIENTES: Toda substância química simples encontrada nos alimentos que é necessária para o organismo e para as funções vitais (crescimento,

Teoria e prática do TREINAMENTO ESPORTIVO

manutenção, atividade física, reprodução, etc.). Exemplos: o aminoácido (da proteína) ; o monossacarídeo (do carboidrato); os ácidos graxos (dos lipídeos); a vitamina, a água, os sais minerais.

OBESIDADE: Condição patológica na qual o peso corporal de uma pessoa do sexo masculino é 20% a 25% acima de sua exigência física e esquelética. Para o sexo feminino esses valores vão de 30% a 35%. Quase sempre o acúmulo excessivo de gordura é o resultado de comer e beber demais, especialmente em situações de estresse. A obesidade não é somente antiestética, é incômoda como também perigosa para a saúde, especialmente na idade madura e na velhice, quando então se torna mais difícil de eliminar ou diminuir.

ÓRGÃO TENDINOSO DE GOLGI: Receptores sensoriais localizados entre o músculo e seu tendão, e que são sensitivos ao alongamento do tendão do músculo produzido pelo alongamento do músculo a ele associado.

ORIENTAÇÃO DO TREINAMENTO: Termo usado para todas as atividades conduzidas e aconselhadas pelos técnicos esportivos para atingir rendimentos elevados no treinamento e na competição. O técnico esportivo deve levar em consideração as características individuais dos jogadores/atletas e as condições específicas da situação competitiva. É baseada em um sistema de códigos (verbais, sinais, etc.) descritos durante o período de preparação para poder intervir rápida e eficazmente. Objetiva a estabilização do comportamento e a modificação ou correção do comportamento em caso de atitude negativa, mudanças de condições da situação competitiva, ou mudança do conceito tático. A orientação inclui elementos cognitivos (instruções, tarefas) e elementos afetivos (reforço, espírito de luta). A orientação durante a competição/jogo objetiva uma assistência durante a mesma; um "feedback" imediato durante o mesmo; análise e modificação das operações técnicas e táticas; aconselhamento durante os "tempos"; e assistência após a competição/jogo. A orientação durante a competição/jogo deve sempre ser dirigida à tarefa e nunca à pessoa, nem reforçar erros.

OVERTRAINING: Excesso de treinamento. É um treinamento constante e severo, que não permite um tempo adequado para a recuperação. Os sintomas do "overtraining" incluem uma maior freqüência de lesões, irritabilidade, freqüência cardíaca de repouso aumentada, apetite alterado, apatia e diminuição do rendimento.

OXIDAÇÃO: Na musculatura, com um fornecimento suficiente de oxigênio, o ácido pirúvico entra no ciclo Krebs e se decompõe progressivamente em CO_2 e H_2O. A oxidação biológica produz 38 mol de ATP por mole de glicose e 39 mol de ATP por mole de glicogênio.

OXIGÊNIO: Um gás que existe em cerca de 20% do ar. Um componente essencial do metabolismo que precisa ser transportado para as células do corpo.

A terminologia do treinamento

OXIHEMOGLOBINA: Combinação do oxigênio com o pigmento que é formada nas células vermelhas do sangue, quando a oxigenação ocorre nos pulmões como uma parte normal da respiração. É na forma de oxihemoglobina que o oxigênio é levado pelo sangue dos tecidos do corpo. A presença da oxihemoglobina torna o sangue de cor vermelha muito mais claro.

PAUSA DE RECUPERAÇÃO: Interrupção da carga de treinamento para a recuperação total ou parcial de repouso e do valor inicial da pulsação. A duração e a formação das pausas de recuperação são orientadas pela condição de treinamento do atleta, pela intensidade da carga e pelo método de treino empregado. Também chamada intervalo.

PAUSA VANTAJOSA: No método de treinamento físico denominado Intervalado Extensivo, é aquela que compreende cerca do primeiro terço do tempo necessário para a recuperação total. Normalmente com esse tipo de pausa, o pulso cai para 120-140 batimentos por minuto.

PERFORMANCE: Comportamento observável e temporário no domínio motor, influenciado por fatores pessoais e situacionais. É geralmente o resultado de ações, conquistas e sinalizações. É a realização bem sucedida ou melhor possível de uma tarefa. Essa palavra é sinônima do termo desempenho em português.

PERIODIZAÇÃO DO TREINAMENTO: É a divisão planejada do treinamento em períodos que possuem conteúdos específicos, durante um certo tempo. Os períodos têm durações variadas e são relacionados entre si.

PERÍODO DE TREINAMENTO: Espaço de tempo determinado, com um objetivo próprio. O período de treinamento tem um conteúdo próprio e se liga aos outros períodos. Num programa de treinamento existem 3 períodos: o período de preparação; o período de competição ou campeonato; e o período de transição.

PERNA DE IMPULSÃO: última perna a deixar o solo, em uma habilidade de locomoção que projeta o corpo em um vôo.

PESQUISA CIENTÍFICA: Investigação sistemática, controlada e crítica, com o fim de descobrir ou estabelecer fatos ou princípios relativos a um campo de conhecimento. Alguns passos são fundamentais. Em primeiro lugar formula-se um problema da pesquisa e faz-se o lançamento de hipóteses. Em seguida essas hipóteses são traduzidas em termos passíveis de serem observados e comparados em nível empírico. A terceira fase é a coleta de dados, seguindo-se a quarta fase, que é a análise dos resultados obtidos. Depois verifica-se os resultados com as hipóteses levantadas e chega-se a uma conclusão.

PLANO DE MOVIMENTO: Espaço bidimensional que é cortado por um corpo em movimento. É o plano no qual ocorre o movimento.

195

Teoria e prática do TREINAMENTO ESPORTIVO

PLANO FRONTAL: Plano vertical que divide o corpo em partes anterior e posterior.

PLANO TRANSVERSAL: Plano que divide o corpo em partes superior e inferior.

POTÊNCIA: Em relação a trabalho físico: 1 - Quantidade de trabalho feito na unidade de tempo. 2 - O produto da força pela velocidade. 3 - O tempo deriva do trabalho. A potência é medida em watts (W). Em Estatística, o termo potência é usado para designar o grau pelo qual as chances de rejeitar uma hipótese nula, falsa, são aumentadas.

POTÊNCIA ANAERÓBICA ALÁTICA: É a freqüência máxima (quantidade por unidade de tempo) pela qual a energia pode ser produzida pelo sistema ATP-CP. É medida por testes de intensidade elevada que duram de 1 a 10 segundos.

POTÊNCIA ANAERÓBICA LÁTICA: Freqüência máxima de produção de energia durante um esforço máximo com produção de energia glicolítica.

POTÊNCIA ENERGÉTICA: Quantidade máxima de energia que pode ser transformada, durante o exercício, por unidade de tempo de um dado sistema energético.

POTÊNCIA MÁXIMA AERÓBICA: É uma capacidade medida pelo consumo máximo de oxigênio na unidade de tempo. Isso significa o maior consumo de oxigênio que um indivíduo pode obter. A potência máxima aeróbica é registrada em valores absolutos e relativos. No primeiro caso em ml/min e no segundo ela é expressa em ml por kg de peso corporal (ml/kg/min).

PREPARAÇÃO FÍSICA: Processo pelo qual se desenvolvem as capacidades motoras (qualidades físicas) do indivíduo, pela aplicação sistemática de exercícios físicos.

PREPARAÇÃO FÍSICA ESPECÍFICA: Processo de treinamento pelo qual se desenvolvem as capacidades motoras específicas do Esporte ou atividade física praticada. Em última instância, a preparação física especifica é a responsável pelo rendimento. Na preparação física específica se utilizam exercícios que contenham a estrutura ou parte da estrutura dos movimentos do Esporte ou atividade praticada, bem como sua execução ser bem próxima à execução real.

PREPARAÇÃO FÍSICA GERAL: Processo pelo qual se desenvolvem as capacidades motoras de uma maneira mais equilibrada, independente do Esporte ou atividade física praticada. Na preparação física geral se ampliam a base e as condições para o desenvolvimento das capacidades motoras específicas da modalidade praticada. Deve ser observado o princípio pedagógico

196

A terminologia do treinamento

da multilateralidade, para desenvolver o que é popularmente conhecido como "base".

PREPARADOR FÍSICO: Denominação dada à pessoa encarregada de preparar fisicamente um atleta ou uma equipe. Sua principal função é o emprego sistemático de exercícios para desenvolver as capacidades motoras gerais e específicas do Esporte ou modalidade praticada.

PRESCRIÇÃO DE TREINAMENTO: Instruções escritas sobre o treinamento físico a ser realizado dentro de um período determinado. Para indivíduos sedentários é um programa individual baseado no nível de aptidão e do estado de saúde. Deve-se considerar a intensidade (por exemplo, a percentagem da freqüência cardíaca máxima); a freqüência de treinos por semana (por exemplo, 3 vezes/semana); a sua duração (por exemplo, 30 minutos por dia) e seu tipo de exercício (por exemplo, pedalar). Ela só funciona otimamente para atletas de alto nível ou praticantes que dominam muito bem os exercícios, as habilidades e os métodos de treino a serem realizados. Também chamada a prescrição de exercícios.

PRINCÍPIO DA ESPECIFICIDADE: Princípio segundo o qual as mudanças morfológicas e funcionais, durante a prática de exercícios, acontecem somente nos órgãos, células e estruturas intracelulares que são responsáveis pelo movimento e são de maneira específica ao tipo de exercício realizado.

PRINCÍPIO DA REVERSIBILIDADE: Princípio segundo o qual as adaptações do treinamento declinarão gradualmente se os sistemas ou órgãos adaptados não forem suficientemente estimulados de forma regular.

PRINCÍPIO DA SOBRECARGA: Princípio que estipula que as mudanças funcionais no corpo somente ocorrem quando o estímulo é suficiente para causar uma ativação considerável de energia.

PRINCÍPIO DAS DIFERENÇAS INDIVIDUAIS: Princípio do treinamento que diz que os modos pelos quais os indivíduos respondem ao mesmo estímulo de treinamento podem ser diferentes, devido a fatores genéticos ou nível inicial de aptidão.

PRINCÍPIOS DO TREINAMENTO: São mandamentos científicos que comandam o planejamento e a execução do processo de treinamento. As verificações empíricas, até agora, são limitadas exclusivamente aos pronunciamentos sobre os processos de adaptação biológica. O princípio da sobrecarga (da supercompensação) está de acordo com as leis biológicas e repousa nas raízes dos processos de adaptação; o princípio da especificidade diz respeito ao tipo de estímulo com adaptação específica a este tipo; e o princípio da reversibilidade da ação coloca que as adaptações que não continuarem a ser estimuladas voltam ao seu estado anterior (desadaptação). Outros princípios existentes na literatura são de natureza metodológica

197

Teoria e prática do TREINAMENTO ESPORTIVO

(princípio da repetição; princípio da relação ótima entre carga e recuperação; princípio da regularidade e durabilidade; princípio da periodicidade; princípio da variação; princípio da individualidade; princípio do aumento da especialização; e outros).

PROGRAMAÇÃO DO TREINAMENTO: É uma estruturação da preparação do atleta ou de um praticante, estabelecendo um tempo de treinamento, seu conteúdo, métodos, avaliações e outros, para atingir o rendimento desejado a longo, médio e curto prazos. Também se fala planejamento do treinamento ou plano de treinamento.

PROPRIOCEPÇÃO: Informação sensorial sobre (a) a posição do corpo e suas partes, (b) a extensão e a força do movimento, (c) a tensão muscular, (d) a pressão física. Todas se originam do aparelho vestibular, dos órgãos tendinosos de Golgi, dos fusos musculares e/ou dos receptores das juntas. Eles transmitem informações ao cérebro sobre a atividade, particularmente em relação aos movimentos voluntários coordenados.

PSICOLOGIA DO ESPORTE: Campo de conhecimento que tenta compreender a experiência e o comportamento humano no contexto do Esporte, como descrever e se possível medir o comportamento com respeito à consciência e variabilidade, para determinar suas condições e predizer desenvolvimento futuros o mais precisamente o possível. A ênfase na literatura e pesquisa da Psicologia do Esporte está na área da aprendizagem e desenvolvimento, motivação, personalidade, ansiedade. Temas centrais são prática mental, aprendizagem motora, desenvolvimento motor, estresse, motivação, agressão no Esporte, personalidade, estrutura grupal, atitudes e interesses.

QUALIDADES MOTORAS: Termo genérico para a coordenação, flexibilidade, força, velocidade, resistência. São comuns outros termos genéricos como qualidades físicas, capacidades físicas, capacidades motoras, características motoras, atributos físicos, bases físicas de rendimento.

QUEIMAR: 1 - No Esporte o termo é usado para descrever o resultado de pressão constante ou repetida, ou ainda excesso de treinamento associado com um envolvimento intenso com pessoas durante longos períodos de tempo. 2 - Uma condição psicológica na qual o estresse se torna excessivo e crônico. Acarreta menos energia, menos motivação, menos produtividade, menos tolerância e paciência, enquanto surgem sentimentos de desesperança (perda do controle) e intensifica tomadas de decisões imprecisas. 3 - Também é usado no sentido de invalidar uma habilidade motora executada em desacordo com as regras como no saque em vôlei, pingue-pongue, saída em corrida etc.

RECORDE: É o melhor registro, marca, resultado conseguido de acordo com as regras em uma competição institucional (regional, estadual, nacional

A terminologia do treinamento

e internacional), que até aquele momento não foi ultrapassado. É mais comum no Esporte que é medido com instrumentos técnicos (trena, cronômetro, balança). Um recorde é reconhecido como tal baseado no protocolo de uma associação nacional ou internacional. Um pré-requisito é a possibilidade de repetir e melhorar o resultado sob as mesmas condições. A quebra de um recorde serve como incentivo. Um recordista é sempre um modelo. Filosoficamente, todo recorde significa uma extensão dos limites e capacidades do homem.

RECUPERAÇÃO ATIVA: É a restauração da homeostase após exercícios que envolvem movimentos contínuos da musculatura exercitada. É uma técnica que usa o trabalho muscular com pequena intensidade para aumentar a irrigação local e promover uma volta mais rápida ao estado anterior. Ela facilita a remoção de lactato por causa do suprimento aumentado de sangue depois da vasodilatação.

RECUPERAÇÃO PASSIVA: Restauração da homeostase de repouso após o exercício, quando o indivíduo está em estado de repouso. Isso acelera a remoção do lactato dos músculos e desta forma a velocidade da recuperação.

REGENERAÇÃO: Processo de superar os efeitos da fadiga induzido pelo treinamento e a restauração do corpo a seu potencial de rendimento total. Também denominada Recuperação.

REGISTRO DO TREINAMENTO: Anotação das atividades e dos resultados obtidos no processo de preparação de um atleta ou de uma equipe, que constitui um elemento de análise e interpretação da eficiência do treinamento.

RELAXAMENTO: 1 - Regresso de um músculo ou grupo muscular ao seu comprimento normal ou habitual, após uma contração. 2 - Atenuação da tensão mental, isto é, a redução e os processos que a isso conduzem, de um estado de ansiedade, medo, cólera ou qualquer reação emocional. 3 - No Esporte é um processo para reduzir a tensão fisiológica, bem como a psíquica. Os estados de tensão parecem resultar principalmente dos estresses e são considerados as causas da rigidez muscular, pressão alta, nervosismo, falta de concentração, insônia, etc. Há várias técnicas de relaxamento (relaxamento progressivo, treinamento autógeno, hipnose, etc.).

REPETIÇÕES: O número de contrações sucessivas realizadas durante um exercício. É o número de vezes que se repete um movimento.

RESERVA ALCALINA: É a cota dos carbonatos primários existentes no sangue. Ela age sobre os produtos metabólicos ácidos decorrentes do metabolismo anaeróbico, principalmente o ácido lático, reduzindo sua produção e impedindo sua rápida concentração. É chamada substância tampão.

199

Teoria e prática do TREINAMENTO ESPORTIVO

RESISTÊNCIA: Em Esporte e nas atividades físicas de modo geral, é a capacidade de sustentar uma dada carga de trabalho o mais longo tempo possível sem fadiga. É também a capacidade dos seres humanos de resistir à fadiga que ocorre durante um estresse físico até o final da tarefa, e em alguns casos até a exaustão.

RESISTÊNCIA DE *SPRINT*: Termo utilizado para significar a capacidade de manter a velocidade máxima, numa situação não glicolítica do sistema de energia, ou seja, sistema alático de produção de energia (duração de até 20 segundos). Nesse tempo o suprimento de energia é predominantemente dos estoques de ATP e CP. Dessa forma as provas de 100 m e 200 m no atletismo exigiriam esse tipo de resistência, embora alguns autores não chamem de resistência esse nível de produção de energia.

RESISTÊNCIA DE VELOCIDADE: É a capacidade de manter a velocidade elevada em movimentos cíclicos ou de manter velocidades de contrações elevadas durante movimentos acíclicos repetidos. Esse termo é utilizado quando o suprimento de energia é produzido predominantemente através da quebra anaeróbica da glicose, a chamada produção de energia lática. Ela permite uma carga de trabalho até aproximadamente 120 segundos, e portanto é crucial para o rendimento nas provas 400 m, 800 m, e 1000 m do atletismo.

RESISTÊNCIA ESPECÍFICA: Capacidade de resistir ao cansaço que se desenvolve no processo de uma atividade física específica. A maioria dos Esportes exige uma resistência específica.

RESISTÊNCIA ESTÁTICA: Capacidade de manutenção de um trabalho estático o maior tempo possível. Esse tipo de resistência quase não é solicitado na maioria dos esportes, exceção ao Braço de Ferro.

RESISTÊNCIA MUSCULAR: Capacidade de um músculo de exercer tensão repetidamente ou de manter uma contração estática durante um tempo prolongado.

RESISTÊNCIA MUSCULAR GERAL: Capacidade do músculo de realizar movimento quando a atividade física exigir mais do que $1/6$ a $1/7$ do total da musculatura esquelética (mais ou menos a massa muscular das duas pernas) por um tempo prolongado.

RESISTÊNCIA MUSCULAR GERAL AERÓBICA: Capacidade de um músculo de realizar movimento quando a atividade física tiver uma duração acima de 3 minutos, solicitar mais de $1/6$ a $1/7$ do total da musculatura, esquelética, e exigir pelo menos 50% da capacidade orgânica.

RESISTÊNCIA MUSCULAR GERAL ANAERÓBICA: Capacidade de um músculo de realizar movimento quando uma atividade física de intensidade

200

A terminologia do treinamento

elevada usar mais de 1/6 a 1/7 do total da musculatura esquelética, num tempo inferior a 3 minutos.

RESISTÊNCIA MUSCULAR LOCALIZADA: Capacidade de um músculo de realizar movimento quando a.atividade física exigir menos de 1/6 a 1/7 do total da musculatura esquelética, por um tempo prolongado.

RESISTÊNCIA MUSCULAR LOCALIZADA AERÓBICA: Capacidade do músculo de realizar movimento quando a atividade física prolongada usar pequenas massas musculares com uma solicitação menor do que 20-30% de sua força máxima.

RESISTÊNCIA MUSCULAR LOCALIZADA ANAERÓBICA: Capacidade de um músculo realizar movimento quando uma atividade física prolongada usar pequenas massas musculares com uma solicitação igual ou maior do que 50% da sua força máxima.

RESPIRAÇÃO: O processos de troca de gases nos pulmões e nas células.

RESPIRAÇÃO EXTERNA: Troca de gases onde o oxigênio é tomado do ar pelos alvéolos nos pulmões e o dióxido de carbono é liberado do sangue para ser exalado.

RESPIRAÇÃO INTERNA: Troca de gases onde o oxigênio do sangue é absorvido pelas células através do corpo e o gás carbônico é absorvido pelo sangue para ser transportado até os pulmões.

REVISTA DE ESPORTE: Publicação regular (semanal, mensal, bimensal, etc.) devotada ao Esporte. Ela inclui a mais variada publicação de natureza científica ou não científica. Pode tratar do Esporte em geral ou se especializar em tipos particulares de Esporte, ou ainda de especialidades científicas. Já existe, a nível internacional, centenas de Revistas de Esporte disponíveis com publicações regulares.

RITMO: É um padrão, formado habitualmente de sons, com elementos que são organizados em duração e intensidade. Uma recorrência seriada que é balanceada, harmônica e repetida em grupamentos regulares. O esplendor do ritmo é estabelecido pela repetição dos mesmos componentes. O componente de um movimento que pode ser combinado em complexos rítmicos de uma rede de habilidades motoras reconhecidas e distintas nas suas dimensões figurativa, espacial, temporal e energética.

RITMO CIRCADIANO: "Relógio" biológico ou ritmo de um organismo, tal qual como o ciclo natural de acordar-dormir em um período de 24 horas. A mudança do ritmo pode afetar as funções biológicas, mental e comportamental.

SARCÔMERO: Unidade estrutural e funcional do sistema muscular contrátil.

Teoria e prática do TREINAMENTO ESPORTIVO

SARCOPLASMA: O protoplasma das células musculares.

SELEÇÃO DE ESPORTISTA DE ALTO NÍVEL: Processo de seleção no Esporte que resulta em vários grupos de atletas de elite em um certo nível de performance. A seleção, de acordo com critérios e normas de performance, depende de: 1 - A natureza e a característica da atividade esportiva (esporte individual ou coletivo); 2 - Se a performance é medida ou julgada subjetivamente; 3 - O sistema de competição existente na atividade esportiva.

SÉRIE: É um conjunto de repetições do mesmo exercício.

SISTEMA NERVOSO: Conjunto de órgãos do corpo formados de tecidos nervosos. Está dividido em: (a) um esquema estrutural; (b) um esquema funcional. O esquema estrutural (ou anatômico) compõe-se de: sistema nervoso central (encéfalo e medula espinhal); sistema nervoso periférico (estruturas nervosas distais). O esquema funcional compõe-se de: sistema nervoso autônomo (simpático e parassimpático); sistema somático (nervos sensoriais).

SISTEMA NERVOSO CENTRAL: Consiste do cérebro e coluna espinhal, juntos os dois maiores elementos anatômicos envolvidos na instrução e controle de todas as atividades do ser humano. É um centro de processamento de dados, com numerosos quadros de distribuição dos sistemas de comunicação do corpo. Controla quase todas as atividades do organismo.

SISTEMA NERVOSO PERIFÉRICO: Toda parte do sistema nervoso que não é parte do cérebro ou da medula espinhal. Enquanto o sistema nervoso central (cérebro e medula espinhal) age para controlar e interpretar, o sistema nervoso periférico providencia a maioria das informações (através dos sentidos e nervos sensoriais) às funções físicas ou ordinárias do corpo.

SISTEMA NERVOSO SIMPÁTICO: A parte do sistema nervoso autônomo que aumenta a atividade em resposta ao estresse primariamente governa as funções do exercício. As terminações nervosas secretam primariamente norepinefrina. Causa excitação em alguns órgãos e inibição em outros, como por exemplo, sua estimulação causa um aumento na freqüência cardíaca e na contractilidade; na mobilização de líquidos, vasodilatação nos vasos sangüíneos da musculatura em trabalho e vasoconstricção nas áreas que não estão participando. O aumento na pressão arterial faz as glândulas supra-renais secretarem adrenalina.

SÍSTOLE: Fase de contração do ciclo cardíaco durante o qual o sangue é ejetado dos ventrículos.

SOBRECARGA DE CARBOIDRATO: Processo de modificação nutricional que resulta em uma supercompensação dos estoques de glicogênio nas fibras musculares. Após uma depleção do glicogênio muscular por uma

202

A terminologia do treinamento

dieta pobre em carboidratos e exercícios, é dada uma dieta rica em carboidratos. Isso pode aumentar o estoque de glicogênio muscular em aproximadamente 3 a 4 vezes os níveis normais. Tem sido demonstrado que ajuda o rendimento quando o esforço dura mais de 60 minutos em uma intensidade acima de 70% de VO_2 máx.

SOBRECARGA DE TREINAMENTO: É uma variável descritiva que caracteriza as exigências que são feitas aos atletas no treinamento. Normalmente ela obedece critérios externos, como as distâncias corridas, pedaladas, o tempo gasto, o peso levantado ou o número de repetições dos exercícios, que são estabelecidos pelo treinador.

SOBRECARGA RELATIVA: Intensidade de exercícios expressa em relação à capacidade máxima do indivíduo (por exemplo, em percentagem do VO_2 máximo).

SOCIOLOGIA DO ESPORTE: É um ramo específico da Sociologia e da Ciência do Esporte. Preocupa-se com o contexto do Esporte com suas estruturas, seu lugar nos diferentes tipos de sociedades, seu significado simbólico e funcional. A Sociologia do Esporte estuda ainda as múltiplas maneiras das quais o Esporte depende e é influenciado pelos sistemas de valores culturais e pelas realidades socio-estruturais na sociedade. Trata ainda das estruturas e processos dentro do Esporte, incluindo a investigação das orientações de valores e das ideologias dos grupos esportivos, clubes e organizações esportivas que justificam a existência e o significado do Esporte, bem como os comportamentos dentro do contexto do Esporte. Também trata das normas que regulam a interação entre os atletas, as sanções, os conflitos, as estruturas de autoridade e interesses, tipos de liderança nos diferentes esportes de equipe, nas organizações esportivas e suas influências no Esporte. Finalmente, a Sociologia do Esporte trata da influência do Esporte, no indivíduo, na família, trabalho, política, igreja, sistema educacional e na ordem social em geral.

SPRINT: Termo utilizado para expressar um esforço físico na maior velocidade possível, sem economia de forças. Os 100 e 200 metros no Atletismo; os 50 e 100 metros na Natação; os 200 metros no ciclismo são provas de "sprints", contudo é comum chamar de sprint final a arrancada que costuma ser utilizada nas provas de média e longas distâncias.

SPRINTER: Corredor de curtas distâncias; corredor de velocidade. Velocista.

SUPERCOMPENSAÇÃO: Termo utilizado na Teoria do Treinamento para designar as adaptações estruturais, funcionais, ou ambas, que ocorrem em virtude de submeter o corpo a um estímulo de treinamento. Todo gasto energético para a realização de um movimento traz em si um estímulo para a reconstituição de energia, que se faz acima da condição anterior.

203

Teoria e prática do TREINAMENTO ESPORTIVO

A quantidade ou condição reconstituída acima da condição anterior é a supercompensação, caracterizando as substâncias vivas de um notável poder de adaptação a esforços físicos.

SUPINO: 1 - Posição em que uma pessoa está deitada de costas. 2 - Em Musculação, nome dado ao exercício que se faz deitado no banco, elevando e abaixando o peso com os braços.

TALENTO: Grau muito elevado de capacidade ou aptidão. Assume-se que uma pessoa com talento possui estruturas anatômicas e neurofisiológicas particulares e capacidades motoras e psicológicas específicas, que são desenvolvidas de maneira ótima desde o nascimento, como os fatores constitucionais, antropométricos, motores e psicológicos. A prontidão para aprender, a motivação para realizações e as experiências de movimentos podem ser detectadas desde idades bem jovens.

TÁTICA: É o planejamento de procedimentos para alcançar um objetivo sob determinadas circunstâncias. No Esporte, tática refere-se ao sistema de ações planejadas e alternativas de decisão que permite a alguém arranjar um conjunto de atividades a curto prazo com objetivos limitados, de tal forma que o sucesso no Esporte contra um ou mais oponentes se torna possível. Algumas aplicações táticas nos esportes: no Atletismo, ciclismo e remo, a disputa contra oponentes (por exemplo, corredores de meia e longas distâncias, remadores) diz-se corridas táticas, isto é, certas partes da corrida, ritmo, gasto energético, são planejados em relação ao (possível) comportamento do oponente. Em esportes de luta, o contato físico com o oponente força o atleta a "esconder" quase todos os movimentos planejados por "fintas". Aqui, a escolha de uma decisão alternativa depende essencialmente do modo pelo qual o oponente reage à "finta" do movimento intencionado. No dual esporte e no esporte de equipe, uma distinção é feita entre o ajustamento tático para o atual oponente e os procedimentos táticos relacionados ao jogo no qual os movimentos individuais são baseados. No esporte coletivo, a tática refere-se a todos os tipos legais de interação entre os elementos da equipe, enquanto que a tática em geral consiste de todos os padrões de interação da equipe como um todo (ofensiva e defensivamente). Nesse caso o sucesso tático é principalmente dependente da capacidade dos jogadores de selecionar a opção mais vantajosa na mudança de situações complexas para padrões simples. Para o desenvolvimento da tática, é necessário conduzir uma análise das variáveis relevantes e suas interrelações e de refinar o pensamento tático dentro do contexto do treinamento tático.

TÉCNICA DO MOVIMENTO: Estrutura racional de um ato motor para atingir um objetivo determinado. É baseada na Biomecânica.

A terminologia do treinamento

TÉCNICA ESPORTIVA: Habilidades esportivas executadas racionalmente com base na Biomecânica. Ela corresponde a uma seqüência de movimento de um determinado exercício como no "kip" da Ginástica, no "Flop" do salto em altura, na "bandeja" do basquetebol, no "crawl" da natação, etc. Quando os movimentos são executados com coordenação, precisão, ritmo, leveza e facilidade, diz-se que a técnica é boa. Para isso é preciso que os elementos da seqüência de movimentos sejam harmonicamente ajustados ao estilo, que é um mecanismo individual. Existem diferentes técnicas, mesmo para uma determinada prova atlética, porém todas elas baseadas em leis da Física.

TÉCNICO: Também chamado Treinador. É a pessoa que dirige o atleta ou a equipe esportiva numa competição ou jogo, oferecendo conselhos táticos, motivação e principalmente direções (programação, execução, avaliação). No treinamento, além das habilidades necessárias que todo educador deve ter, o técnico deve ainda ter conhecimento técnico específico na sua especialidade, e acima de tudo experiência prática na execução de suas tarefas.

TEMPO DE REAÇÃO: É o tempo que ocorre entre a saída do sinal de estímulo e a execução da resposta apropriada ao estímulo.

TENDINITE: Resposta inflamatória a um microtrauma de um tendão.

TEORIA DO TREINAMENTO: Descrição sistemática e compreensiva dos objetivos, princípios, tipos, conteúdos e dos métodos, inclusive da teoria da competição, tendo em vista a aplicação na situação prática. A teoria do treinamento é baseada na experiência prática do Esporte, assim como nos resultados da investigação científica nos esportes, principalmente nas áreas da Medicina Esportiva, Fisiologia do Exercício, Bioquímica, Biomecânica, Aprendizagem Motora, Pedagogia do Esporte, Psicologia do Esporte e Sociologia do Esporte. Atualmente, a teoria do treinamento vai além da esfera do Esporte competitivo, e adquire cada vez mais importância na área da aptidão física para a prevenção e a Reabilitação.

TERMINOLOGIA: É a soma total daqueles termos e expressões específicos que são particulares de uma ciência ou de uma área especializada (linguagem técnica). Pode ser ainda considerada como uma teoria geral ou específica de termos em uma área de estudo especializada.

TESTE: Termo genérico, para designar qualquer procedimento e medir a capacidade, os fatores constitucionais, antropométricos, motores e psicológicos.

TESTE DE APTIDÃO: Teste destinado a diagnosticar ou a prognosticar o potencial de desenvolvimento do examinando em relação a uma dada atividade, presente ou futura, independentemente, na medida do possível, do treinamento a que o examinando tenha sido antes submetido.

205

Teoria e prática do TREINAMENTO ESPORTIVO

TESTE DE POTÊNCIA ANAERÓBICA DE WINGATE: Teste de desempenho destinado a avaliar a capacidade de um indivíduo para realizar trabalho anaeróbico. Realizado com cicloergômetro de pernas, com um resistência colocada a 75 g por quilograma de peso corporal. Num cicloergômetro de braços, a resistência é colocada a 59 g/kg de peso corporal. O teste dura 30 segundos, com verificação do número de revoluções completadas nesse período de tempo.

TESTE DE TREINAMENTO: Teste para verificar o nível de treinamento. Como base para decisões em relação à direção do treinamento se utilizam sobretudo os testes motores, médicos, biomecânicos e psicológicos. Há uma distinção entre testes gerais com características mais sintéticas e testes específicos que são aplicados em um particular Esporte ou evento para determinar a força, a técnica, a tática e os componentes do rendimento.

TIPOS DE TREINAMENTO: Classificação das formas de treinamento de acordo com os objetivos do treino relacionados aos componentes complexos do rendimento, tais como a condição física, a técnica, a tática e suas partes constituintes. Assim, pode se falar de treinamento físico, treinamento tático. Também as partes constituintes podem ter vários tipos de treinamento, como por exemplo no treinamento físico, treinamento da força, treinamento da velocidade, etc. No treinamento tático, o treinamento das habilidades ofensivas, defensivas, etc.

TRABALHO AERÓBICO: É um trabalho muscular com quantidade de oxigênio suficiente. Após alguns minutos de carga o organismo estabelece um equilíbrio entre o consumo e gasto de energia, o chamado "steady state".

TRABALHO ANAERÓBICO: É o trabalho muscular que se realiza com quantidade de oxigênio insuficiente, isto é, com liberação de energia anaeróbica. Todo início de trabalho muscular é anaeróbico, por isso o organismo entra no chamado débito de oxigênio. Se o trabalho continua por liberação de energia anaeróbica, o débito de oxigênio continua crescendo até limites insuportáveis, produzindo conseqüentemente queda no rendimento.

TREINAMENTO: É a repetição sistemática de tensões musculares dirigidas, com fenômenos de adaptação funcional e morfológica, visando a melhora do rendimento. É todo programa pedagógico de exercício que objetiva melhorar as habilidades e aumentar as capacidades energéticas de um indivíduo para uma determinada atividade, ou seja, uma adaptação do organismo aos esforços físicos e psíquicos. As adaptações que ocorrem são específicas do sistema solicitado. O treinamento é determinado pela condição técnica tática, pela motivação e pelas características psíquicas do praticante. Se o treinamento e a sua verificação pretende obedecer a critérios científicos, é absolutamente necessário ter planos de treinamento por escrito,

A terminologia do treinamento

além de objetivos operacionalizados e verificação padronizada do rendimento (especialmente testes). É comum usar o termo treinamento apenas para significar treinamento esportivo, contudo há outros tipos de treinamento. Por causa de aumento das doenças hipocinéticas, o significado de treinamento vai além dos limites do Esporte. Ele serve para a manutenção, melhora ou recuperação da capacidade de rendimento e da saúde (treinamento preventivo e/ou de reabilitação).

TREINAMENTO COLETIVO: Treinamento realizado em grupo, no qual todos utilizam aproximadamente os mesmos métodos e meios, com vistas a alcançar uma resultado comum.

TREINAMENTO CONTÍNUO: Treinamento físico em que o estímulo de movimento é apresentado de forma ininterrupta. Não há pausas. Muito comum nos movimentos cíclicos como na corrida, ciclismo, caminhada, etc.

TREINAMENTO DE ALTO NÍVEL: É o último estágio de uma progressão do treinamento a longo prazo, onde o rendimento máximo é o objetivo. Ele é realizado após o treinamento de base e o treinamento de construção (específico).

TREINAMENTO DE FORÇA: É uma forma de treinamento para a melhora da força máxima, da força rápida (potência) e da resistência de força. É dividido em treinamento de força geral e treinamento de força específica.

TREINAMENTO DE FORÇA ESPECIFICA: Forma de treinamento usado para o fortalecimento de músculos ou grupos musculares específicos. No Esporte, esse tipo de treino é feito de modo que a amplitude e a direção do movimento, a dinâmica da força e a contração dos músculos correspondam movimento na situação competitiva.

TREINAMENTO DE FORÇA GERAL: Forma de treinamento usada para o fortalecimento muscular geral, sem intenções de aplicação imediata. No Esporte, esse tipo de treinamento é feito no período de preparação (base), nas categorias inferiores (juvenis, infantis), na reabilitação e no esporte de massa.

TREINAMENTO DE RESISTÊNCIA: Tipo de treinamento que tem como objetivo o desenvolvimento preponderante da resistência motora e suas variantes. É dividido em treinamento da resistência geral e treinamento da resistência específica.

TREINAMENTO DE VELOCIDADE: Tipo de treinamento que tem como objetivo o desenvolvimento preponderante da velocidade motora e suas variantes.

TREINAMENTO EM ALTITUDE: Tipo de treinamento realizado em altitude, predominantemente entre 2 000 e 3 000 metros. Esse treinamento

Teoria e prática do TREINAMENTO ESPORTIVO

promove uma adaptação à alta altitude, e com isso presumivelmente aumenta a capacidade de rendimento ao nível do mar.

TREINAMENTO EM PIRÂMIDE: Método especial de treinamento da força no qual a sobrecarga aumenta e depois diminui um degrau por vez, durante uma seqüência de exercícios.

TREINAMENTO ESPORTIVO DE BASE: É o primeiro estágio de uma progressão do treinamento a longo prazo, no qual é estabelecido uma grande base de aptidões, de programas motores e de disponibilidade para o rendimento. Nessa etapa é explorada a forma "bruta" da técnica esportiva e as formas gerais da tática.

TREINAMENTO FÍSICO: Tipo de treinamento cujo objetivo principal é desenvolver as capacidades motoras (condicionais e coordenativas) dos executantes, necessárias para obter rendimentos elevados, que se faz através dos exercícios corporais.

TREINAMENTO INDIVIDUALIZADO: Tipo de treinamento adaptado às necessidades individuais. Cada pessoa utiliza métodos e meios próprios à sua estrutura física, fisiológica e mentais ou ainda às novas funções que vão ser desempenhadas.

TREINAMENTO INTERVALADO: Método de treino caracterizado pela fragmentação do esforço total com pausas de recuperação entre os esforços. O treinamento intervalado permite que o estímulo de movimento tenha maior intensidade, por causa das pausas de recuperação, que pode ter a característica de completa ou incompleta.

TREINAMENTO MENTAL: É um método que usa a representação mental da atividade física ou de um movimento sem a movimentação muscular simultânea. Ele compreende o planejamento repetido, consciente de se imaginar uma determinada seqüência de movimento. Ele auxilia na melhoria das condições esportivas, principalmente a condição técnica, mas sempre deve ser executado em conjunto com o treinamento prático.

TREINAMENTO TÁTICO: Conjunto de atividades que tem por finalidade ensinar, aperfeiçoar ou refinar os procedimentos técnicos e estratégicos mais adequados a certas tarefas ou situações que vão ser realizadas na competição ou em jogo. O treinamento tático objetiva: (a) estimular pensamentos táticos em situações padronizadas de decisão através de observações; (b) melhorar a capacidade de fintar o oponente; (c) fortalecer a vontade tática para suceder através de sobrecargas de treino planejadas; (d) desenvolver a capacidade de avaliar os riscos em relação ao sucesso que depende da tática, (e) desenvolver uma alta tolerância para a frustração. O treinamento tático é muito importante nos esportes de equipe e é parte integral de treinamento total.

208

A terminologia do treinamento

TREINAMENTO TÉCNICO: Seqüência estruturada do exercício que tem como finalidade a aprendizagem, formação, aperfeiçoamento ou refinamento das habilidades motoras específicas da modalidade praticada pelo executante. O treinamento técnico se preocupa principalmente com a melhora da coordenação motora em relação às características derivadas do padrão técnico, isto é, os métodos da técnica devem levar em conta as condições que regulam o processamento de informações, a situação corrente com relação ao funcionamento motor e a memória motora, e deve ainda considerar que a performance motora é também determinada pelas capacidades cognitivas. O objetivo do técnico é formular a técnica desejada, informando ao atleta o objetivo a ser alcançado (através da explicação, ou demonstração direta ou ainda usando recursos audiovisuais, isto é, demonstração indireta), e auxiliá-lo na execução dos exercícios, dando "feedback" sobre a execução do movimento.

TRIFOSFATO DE ADENOSINA: Composto no qual o nucleotídeo adenosina é ligado a três moléculas de fosfato (ATP). As interações moleculares e forças repulsivas resultam em ligações potencialmente elevadas de energia formando ligações de trifosfatos. O ATP armazena energia no corpo. A hidrálise de ATP resulta em 7,3 kcal de energia. O ATP é sintetizado pelo sistema de fosfocreatina, pela glicólise, pelo ciclo de Krebs e pela fosforilação oxi Ativa.

UNIDADE DE TREINAMENTO: É a menor unidade organizada no programa de treinamento. Ela compõe-se basicamente de 3 partes: uma parte inicial (aquecimento) ; a parte principal (o treino propriamente dito); e a parte final (relaxamento ou volta à calma). A unidade de treinamento é o constituinte do microciclo. Sua programação exige um planejamento cuidadoso, especialmente quando se treina em 2 períodos diários. Por exemplo, os exercícios que exijam velocidade ou coordenação devem ser executados no início da unidade de treinamento, enquanto que a força ou a resistência devem ser praticadas no final da mesma.

VANTAGEM DE JOGAR EM CASA: Uma noção que jogar diante da própria torcida "em casa" é vantajosa para um rendimento, por causa do suporte dos torcedores. Acredita-se ser uma função de uma excitação aumentada, de afirmação ou ainda de agressão instrumental.

VARIABILIDADE DA PRÁTICA: Princípio da aprendizagem de habilidade motora, no qual a prática em uma variedade de experiências de movimentos facilita a transferência para um novo movimento, quando comparado com a prática de apenas um simples movimento.

VASOCONSTRICÇÃO: Diminuição do diâmetro de um vaso sangüíneo (usualmente uma arteríola), resultando na diminuição do fluxo sangüíneo

209

Teoria e prática do TREINAMENTO ESPORTIVO

para a área. Durante o exercício isso ocorre na musculatura lisa das arteríolas que servem os órgãos viscerais. A vasoconstricção normalmente aumenta a pressão sangüínea.

VASODILATAÇÃO: Alargamento do vaso sangüíneo, especialmente de uma artéria, através do relaxamento dos pequeníssimos músculos nas paredes vasculares. Parte do mecanismo que controla a pressão arterial; o processo é regulado por centros especializadas do cérebro (centro vasomotor). A vasodilatação naturalmente reduz a pressão arterial.

VELOCIDADE: 1 - O vetor que descreve a mudança na posição dividido pela mudança no tempo. 2 - A razão tempo na mudança de posição. 3 - A derivada da posição como função do tempo. A velocidade é medida em metros por segundo ($m \cdot s^{-1}$) .

VELOCIDADE ACÍCLICA: Capacidade de executar movimentos isolados com a maior velocidade possível contra resistências variadas. Ela é altamente dependente da força rápida (potência) que deve agir sobre a massa a ser acelerada, com um objetivo específico. Ela é fundamental nos saltos, lançamentos, nos dribles e outros movimentos que exigem mudança de direção. Também chamada de agilidade.

VELOCIDADE CÍCLICA MÁXIMA: Capacidade de executar movimentos cíclicos repetidos continuamente, na mais alta possível velocidade individual. É a fase que começa no momento da mais alta aceleração e termina no primeiro sinal de fadiga. A energia para esse tipo de esforço é produzida pelos estoques de ATP e de CP (fosfato de creatina), a chamada produção anaeróbica alática.

VELOCIDADE DE REAÇÃO: Capacidade de reagir a um estímulo no menor tempo possível. Ela pode ser simples (por exemplo a saída no atletismo) e complexa (tênis de mesa, esgrima, boxe, etc.). Os fatores determinantes do rendimento na velocidade de reação simples são: o período latente e o tempo de reação; na velocidade de reação complexa, a capacidade de antecipação é um fator adicional.

VELOCIDADE DE SAÍDA: Velocidade de um projétil no instante de sua saída na sua fonte de movimento.

VELOCIDADE DE *SPRINT*: Em todos os eventos de velocidade motora, a Velocidade de Sprint inclui uma fase de aceleração, uma fase de velocidade máxima cíclica e uma fase de resistência (manutenção) da velocidade. A Velocidade de Sprint é crucial para o rendimento de velocidade em vários tipos de Esportes.

VENTILAÇÃO PULMONAR: O movimento de ar para dentro e para fora dos pulmões "é calculada como a freqüência respiratória vezes o volume respiratório. Os valores de um adulto é cerca de 12 respirações por minuto vezes 500 ml por respiração, que é igual a 6 litros por minuto. Em níveis máximos de exercício a ventilação pode atingir valores de 100 litros/minuto. Também chamada Ventilação Voluntária Máxima.

VISCOSIDADE: 1 - Relacionada à propriedade de aderência de um objeto, líquido ou segmento corporal, de aumentar a resistência ao movimento, isto é, seu próprio movimento causa outras forças que se opõem a esse movimento. 2 - Num movimento muscular é uma resistência contra o atrito intramuscular. Quanto maior a viscosidade, menor a condição para uma grande rapidez de contração das fibras musculares.

VITAMINAS: Compostos orgânicos que funcionam como reguladores metabólicos no corpo. São substâncias vitais e efetivas, mesmo em quantidades muito pequenas. A maioria é obtida dos alimentos, e algumas são sintetizadas dentro do corpo usando vários processos internos. As vitaminas são classificadas em: (a) solúveis em gorduras como a vitamina A (retinol), vitamina D (calciferol), vitamina E (tacoferol), e a vitamina K; (b) solúveis em água como a vitamina C (ácido ascórbico) vitamina B1 (tiamina), B2 (riboflavina), B6 (piridoxina), e B12 (cianocobalamiona). Outros membros do complexo B são a niacina, o ácido fólico, ácido pantotênico e a biotina. Todas as vitaminas podem ser armazenadas no corpo por várias semanas, quando então o abastecimento é necessário.

VOLUME: 1 - Espaço tridimensional ocupado por um objeto. 2 - Em um objeto é o produto do tamanho pela profundidade. O volume é medido em metros cúbicos (m^3). 3 - Na Teoria do Treinamento, esse termo é usado para designar a quantidade total de estímulo de movimentos que é oferecido ao corpo num treinamento. É chamado volume de treinamento e expresso pela duração, distância ou número de repetições executados.

VOLUME MINUTO: É a quantidade de sangue bombeado pelo coração na unidade de tempo. Ele é determinado pelo volume sistólico e pela freqüência cardíaca. O volume minuto é um fator de limitação para a capacidade máxima de absorção de oxigênio. Um indivíduo altamente treinado pode atingir um volume minuto de aproximadamente 35 litros.

VOLUME RESPIRATÓRIO: Quantidade de ar inspirado ou expirado por respiração. Um adulto saudável em repouso, apresenta um volume respiratório de aproximadamente 500 ml, que em níveis máximos de exercício pode aumentar 3 a 4 vezes.

VOLUME RESPIRATÓRIO FORÇADO: É a quantidade máxima de ar que uma pessoa pode expirar com a boca aberta em um segundo após uma inspiração máxima. É expresso como percentagem da capacidade vital total.

211

VOLUME SANGÜÍNEO: Quantidade de sangue que uma pessoa tem no corpo. No homem normal é aproximadamente 5 litros, e na mulher normal, 4,5 litros. Nos indivíduos treinados em resistência esse volume chega a atingir 8 litros nos homens e 7 litros nas mulheres.

VOLUME SISTÓLICO: Quantidade de sangue bombeado pelo coração durante um batimento cardíaco pela musculatura do ventrículo esquerdo. Ele depende do tamanho do coração. No adulto em repouso ele corresponde a aproximadamente 120-140 mililitros. Quanto mais forte for o batimento cardíaco, maior é a "descarga" sistólica e vice-versa.

REFERÊNCIAS BIBLIOGRÁFICAS

ADAM K., WERSCHOSHANSKY – *Modernes Kraftraining im Sport*, Berlim, 1974;

BALLREICH, R.– *Grundlagen Sportmotorischer Testes*, Frankfurt, 1970;

BARBANTI, V. J. – *Dicionário de Educação Física e do Esporte*. Editora Manole Ltda., São Paulo, 1994.

BERNHARD, G. — *Das Training des Jugendligen Leichtathleten, vol. I*, Schorndorf, 1968;

COSTILL, D. — *What Research Tells the Coach About Distance Running*, Wa-sl.ington, 1968;

DASSEL, H.; HAAG; H.– *El Circuit Training en La Escuela*, Buenos Aires, 1975;

ECKER, T. — *Track and Field Technique Through Dynamics*, Los Altos, 1976;

ECKER, T. — *Track and Field Dynamics*, Los Altos, 1971;

FETZ, F. — *Allgemeine Methodik der Leibesubungen*, Frankfurt, 1964;

FETZ, F. ; BALLREICH, R. — *Grundbegrifte der Bewegungslehre der Leibesubungen*, Frankfurt, 1969;

FETZ, F. ; KORNEXL, E. — *Testes Deportivos Motores:* Buenos Aires, 1976;

GROSSER, M. — *Die Zweckgymnastik des Leichtathleten*, Schorndorf, 1972;

HARRE, D. — *Trainingslehre*, Berlim, 1974;

HOCHMUTH, G. — *Biomecánica de Los Movimientos de Deportivos*, Madrid, 1973;

HAAG, H.; DASSEL, H. - *Fitness Tests*, Schorndorf, 1975;

HEGEDUS, J. — *Teoria General y Special del Entrenamiento Deportivo*, Buenos Aires, 1972;

HOLLMAN, W. ; HETTINGER, T. – Medicina *de Esporte*, São Paulo, 1989.

JONATH, U. — *Circuit Training*, Berlim, 1970;

JONATH, U. — *Praxis der Leíchtathletik, Berlim,*1973;

Teoria e prática do TREINAMENTO ESPORTIVO

JONATH, U.; KIRCH, A.; SCHIMIDT, P. – *Das Training des Jugendlichen Leichathleten*, vol. 3, Schorndorf, 1970;

JOHNSON, P.K. — *La Evaluación del Rendimiento Físico en Los Programas de Educación Física*, Buenos Aires, 1972;

JESSE, J. — *Strength, Power and Muscular Endurance for Runners and Hurdlers*, Pasadena, 1971;

KIRSCH, A. — *Jugendleichtathletik*, Berlim, 1970;

KIRSCH, A.; KOCK, K. — *Methodische Ubungsreihen in der Leichtathletik*, Schorndorf, 1965:

KNEBEL, K.P. — *Biomedizin und Training*, Berlim, 1972;

LYDIARD, A.L. — *The How and Why of Mid dle Distance Running Training*, Berlim, 1969;

LUKJANOW M.T.; FALAMEJOW, A. I. — *Gewichtheben für jugendliche*, Stuttgart, 1972;

MATVEIEV, L. P. — *Periodisierung des Sportlichen Trainings*, Band 2, Berlim, 1974;

MEINEL, K. — *Bewegungslehre*, Berlim, 1960;

MEUSEL, H. – *Gewandtheit und geschicklidchkeit in der sportmotonik. In Praxis der Leibesübugen*, Frankfurt, 1969.

MOREHOUSE, C. – *Development and maintenance of isometric strenght of subjects with diverse initial strenghts. Research Quarterly 38, 1967.*

NETT, T. –- *Kraftubungen Zum Konditionsarbeit Aller Sportarten*, Berlim, 1970;

NETT, T. — *Leichtathletisches Muskeltraining*, Berlim, 1970;

NÖCKER, J. — *Physiologie der Leibesubungen*, Stuttgart, 1964;

NABATNIKOVA, M. J. — *Ausdauerentwicklung*, Berlim, 1974;

PIRES GONÇALVES, J. A. — *Condição Física*, Rio de Janeiro, 1968;

SCHMOLINSKY, G. — *Leichtathletik, Berlim,*1971;

TSCHIENE, P. ABRAHAN, G. — *Das Training des Jugendlichen Leichtathleten*, vol. II, Schorndorf, 1969;

ZACIORSKY, V.M. - *Die Körperlichen e Ingenschaften des Sportlers*, Band III, Berlim, 1974;

ZENON, W. - *Novedades en Entrenamiento de Fuerza Muscular*, vol. I, Madrid, 1975;

WILT, F. - *Run, Run, Run*, Los Altos, 1974.